永不放棄的百分之一

李歐——相信就會有奇蹟

我是李歐。鼻咽癌末期。
我想繼續影響更多人，繼續朝夢想前進，繼續勇敢地活下去。
如果被醫生宣布存活率不到百分之一的我都可以，
相信你也可以！

【推薦1】

他給了我們不一樣的起點

李一休

大概在一年多前，我在我的社團（一休陪你一起愛瘦身），看到了李歐的故事。當時我想，這個人好正向，得了癌症，而且是被宣告只有不到百分之十存活率的癌症，他居然還能那麼樂觀面對。

我主動聯繫他，問能否分享他的故事，那次的分享獲得了很大的迴響，除了非常多的人為李歐加油之外，也有更多人受李歐的精神所感動。而在這過程中，我們慢慢建立了交情。

我還記得，二〇一六年的元旦，我受新北市的邀請出席元旦的開幕活動，我也找了李歐一起，在台上我們一起帶操，一起花了一個多小時健走。那一天他還跟我說，他的癌細胞轉移到了肝還是肺，我才驚覺，我怎麼又忘記他生病了……

老實說，每次跟他在一起，我真的打從心裡忘記，他是一個癌症末期的病患，他看起來是那麼有活動力，每次都讓我們笑到想噴飯！我實在很想打開他的腦袋瓜看一看，到底是哪裡來的那麼多哏？

跟李歐認識時間雖然不長，但我深深地覺得，他是我的好朋友。

這一年多下來，只要有活動，我第一個都會想到要找李歐一起，雖然碰面時間不多，但每次見到他，我都忍不住還是被他的精神跟態度激勵了。他常常跟我說，謝謝我當初分享他的故事，他才能用他的力量，去影響更多人的，那讓他覺得，他的病更有意義。

透過這本書，我看到了李歐樂觀的外表下，其實有著很堅定的正向態度，想想也是，如果不是那麼正向，一般人真的早就嚇死了。

「路不是走到盡頭，而是該轉彎了。」我很喜歡這句話，癌症對很多人來說，都是人生的盡頭，但對李歐卻是一個不一樣的起點，端看你的心態要怎麼去想。像他講的，他心裡也不希望當初買的那張保單理賠，但既然遇到了，那就面對吧！

現在的李歐，走在路上要跟他拍照的人比想跟我的還多（笑），我有時忍不住心裡想著，如果兩年後看不到他了怎麼辦（吸引力法則，不能亂想）？還好我在書中看到了好消息，我真的非常開心，我相信當你付出越多，你得到的就越多，而這些是他付出了這麼多，影響了那麼多人，所得到的回報，不管身心靈都一樣的豐厚。

生命重要的不是長短，而是生命的精采跟厚度，這是我從李歐身上學習到的態度。

相信三年後、五年後、十年後，我們還是一樣可以一起運動的！

你的朋友，一休

關於李一休

二〇一六年在臉書分享李歐的故事，引起熱烈迴響與關注，這篇分享引起的效應，至今仍然持續被轉發報導。也因為他的分享，更激勵了許多徬徨的心靈。而他的健身書《一休陪你一起愛瘦身》長踞暢銷排行榜。

【推薦2】

用堅定的信念圓滿生命，成就不留遺憾的人生

林淑玲

龍巖集團營運長

「抗癌成功的人不少，但是正在抗癌卻又如此陽光的人卻不多。」第一次見到李歐的人，一定會驚訝於他那股有活力、超開朗的正面力量。龍巖是個很特別的生命產業，總是陪伴每個家庭度過最難過、最哀傷的時刻，而圓滿生命，正是我們的工作。人的一生，即使再完美、再成功，也

只能九十九分，距離滿分的那一分，就是無法親自完成的「身後事」。人生的謝幕只有一次，所以每一位龍巖人總是戰戰兢兢，竭盡所能，將每場儀式做到盡善盡美；而李歐散播的正能量，正是我們需要的，也是我們希望能帶給每個家庭的力量。

珍惜當下，成就不留遺憾的人生，應當要用盡全力生活著。李歐的目標「家人幸福」非常明確，即便一路上困難重重，難關接踵而來，他卻從不輕言放棄，這就是因為他有超乎常人的信念。信念夠強，才能在遇見困難時找到辦法解決、遭遇難關時勇敢闖關；信念夠強，跌倒了，也只要拍拍灰塵就能站起來繼續衝向目標。

如果你對生命有點抱怨、有點憤怒、有點感傷、有點不知所措，推薦你從認識李歐開始，看他如何用堅定信念打敗病魔、如何用正面積極的態度面對苦痛，從他的故事之中，你一定也能重拾生命的意義，找到夢想，並用力實踐它！

目次 — contents

第1部 沒有夢想比貧窮更可怕

第2部 放棄是失敗的開始

第3部 建立屬於自我的修復系統

第 1 部

沒有夢想比貧窮更可怕

一杯十二萬元的咖啡

這個診斷證明是你本人嗎？
你是來詐保的吧？

人生不是一成不變，是你不敢改變

你有沒有喝過一杯十二萬的咖啡？很貴吧？我就喝過。

幾年前，一位以前曾經是同公司的女性同事打電話給我，說要約我出來喝咖啡。當時我的工作正處於衝刺的階段，根本沒有時間和久沒連絡的同事見面，而且因為跟她不同單位沒有很常互動，所以就婉轉地拒絕她。但她仍不放棄地打電話來約，我大概拒絕了六、七次吧，本以為這位同事不會再出現了，結果有一次從南部出差回來，剛好有一個空檔，她恰巧又來約，我想如果一直躲避，不曉得她要堅持到什麼時候？反正只是喝一杯咖啡而已，也順便讓自己工作的腳步暫歇一下，於是我終於答應碰面。沒想到，短短不到一個小時後，我竟簽下了一張年繳十二萬元的保險單。

回家的路上我一直在思考我的腦波也太弱了，忍不住想著：哇，這杯咖啡也太貴了吧，一杯價值十二萬！

沒想到後來發現這份保單來得太巧，我真的要謝謝這位鍥而不捨的老同事。一方面我非常佩服她，她在原本的工作崗位待了很久，已經是二十年資歷的高階主管，薪資、福利當然也相當不錯，年紀也不算小了，但她竟然選擇離開原來的舒適圈，轉行到保險業當sales，一切從零開始。因為她很清楚自己要什麼，**當你想去追求自己想要的，年齡、口才、人脈就不是阻礙也不是藉口，重點是自己的理想**。所以當家庭、小孩都安穩後，她毅然決然決定跨出這一步，去追求自己想做的事情。改變是需要勇氣的，她做到了！有時候人生不是一成不變，是你不敢改變。

兩年之後，我生病了，換我約她出來喝咖啡。我拿著診斷證明給她，上面註明「惡性腫瘤末期」。她看了一下診斷證明，又從頭到腳細細打量一遍不像癌末病人的我，然後說：

「這個診斷證明是你本人嗎？你是來詐保的吧？」

「癌症末期」是一份禮物

這個問題當然是玩笑但也是讚賞，一般癌末病患都是插滿管子病懨懨地躺在病床上，靠家人幫忙申請理賠，我卻活跳跳地站在她面前，只怪我看起來實在很不像癌末病患，依然生龍活虎，絲毫不顯憔悴病態。她很驚訝我怎麼能保持這樣的身心狀態，沒被絕症擊垮？重點是：那一次，我狠狠地把每年繳的十二萬元削了好幾倍回來（但其實我並不想領到這樣的錢啊）！

治療的初期，我沒有跟別人講起自己罹癌的狀況及醫治的過程，只是默默地配合去治療。這位同事提醒我，如果有機會的話，願不願意出來幫助她手上也是患者的客戶？讓他們聽聽我怎麼抗癌，讓他們也可以獲得一些能量。我當時覺得自己還沒有抗癌成功，要怎麼去鼓勵人家？所以我並沒有立即行動，但她的話已在心中埋下種子，之後也有很多朋友同樣鼓勵我可以分享我的故事，因為他們也覺得抗癌成功的人很多，可是正在抗癌又能保持如此「陽光」的人很少，所以更應該出來跟病友聊聊。

於是我就在臉書PO了一篇短文：「我要跟各位說，我生病了，上天在我生日當天給了我一個很神奇的生日禮物『癌症末期』，而且在兩年內的存活率不到百分之十。但我一定會突破這不到百分之十的存活率，我告訴我自己，我一定會回來的。我並不是要來告訴大家我生病了、我好可憐，我也不是來討拍的。我只是要告訴各位，我們的目標要明確化，而且最好可以公開化，因為公開化就會有很多人來檢視你有沒有往目標前進，也代表對自己的一個承諾。我要告訴大家，我一定會找回我的笑容、找回我明天的陽光，以及消失的肌肉。」

因為這篇短文，我得到很多關注與鼓勵，治療中期有個喘息的空檔，我也在人稱「健身＆減肥狂人李一休」的臉書社團ＰＯ文，在社團裡告訴大家我雖然生病了，但我要努力運動健身把體脂降到百分之十，對抗那不到百分之十的存活率。也因為一休分享了我的ＰＯ文在他有八十萬人追蹤的粉絲專頁，激勵他的粉絲，我因而得到更多媒體的關注，陸續接受一些採訪與轉載，讓更多人知道李歐的故事，也因此有機會到不同的單位去演講，去分享小小的心得。這段時間我發現，其實現在這個社會很多**人不是身體生病，而是心理生病**。身體生病不至於很難醫治，對症下藥，配合飲食、運動、休養，大部分都會康復。但心理生病是只要你不讓它好，它就不會好，所以正面與樂觀的心態就成為我的故事的起點。

希望我的故事，能讓心理情緒正處於低落、無助、感到沮喪或正在生病的人可以得到力量。

發現真正的價值

我慢慢懂得去思考做一份工作背後隱藏的價值，這才是讓人會願意全心投入工作中的動力。

越計較，越沒價值

不知道在大家心中，我當時那張保單的價值是多少？可能很多人覺得，對我而言要看「賺回」多少錢；對那位前同事而言，則是看她能抽多少獎金。

這好像是理所當然的答案。如果你也這樣想，那麼，**你只看到「價格」，並沒發現真正的「價值」**。

很多人做事只看到表面的報酬，譬如賣一張保單才賺幾千塊錢、努力工作一個月薪水兩、三萬，也難怪很容易產生職業倦怠並且貶低自己，生活毫無動力，每天抱怨東抱怨西，時常給自己找個藉口就跳槽、離職，甚至賴在家裡變成啃老族。

如果年紀輕輕就把人生走得如此漫無目標，那豈不是太可悲了？當你真心想追求某個目標，你當時會設定這個目標一定有你的原因，那就不應該輕易地打退堂鼓，不應該找藉口勸自己放棄。就像這位介紹我投保的朋友，她原本是做行政工作，沒有很廣的人脈關係，且已經五十幾歲當媽媽了，但她決定轉行做保險，不願一直安於現狀；也因為她的堅持不放棄，讓我和家人得到一份保障，我不但因此能夠好好調理身體，還可以出來幫助、影響更多人，這就是我所說的價值，而非價格。所以這位同事賣給我的保單其背後的價值與意義無法估計，而不僅僅是用那一點點獎金的價格來衡量。

同樣的，每個工作都有其深層價值，可能遠遠超過你所想像。如果只用價格（或薪水）來衡量自己的所得、計算一份工作的ＣＰ值，那可能很難持續下去，也不會有所成就，更不要提什麼熱情追夢了。我始終相信：

不去思考賺多少錢的，反而賺更多；每天都錙銖必較，到最後往往輸光光，什麼都沒有。

人生差1分，差在哪裡？

我到目前還在化療卻還是到處演講，我**把演講當作治療的一部分**，除了分享自己的故事激勵大家，更可以在過程中得到一種非常大的能量，從**每一場演講所吸收到的正能量**，**去感受到免疫力快速提升**，**進而消滅身體的壞細胞**，所以我說這是我治療的一部分。演講的精神最主要的是我會從行銷的角度去挖掘每個行業它本身的價值。舉例來說，有一次我受邀去一家絕大部分的人都完全陌生的行業演講，他們是做生前契約服務的企業「龍巖生命集團」，我思考了好幾天到底這樣的企業所提供的服務其背後的價值是什麼？

後來我想到一個很簡單的觀點：一個人一生能替自己做的努力與付

出，最高分就是九十九分，就算事業再怎麼成功、婚姻再怎麼幸福、兒孫再怎麼優秀，最高的分數頂多就是九十九分，那差的這一分是什麼？這一分就是沒有人能親自完成的「身後事」。如果把身後事交給不正派的禮儀公司處理，一旦敷衍了事，那人生的最後一段路將因為這個缺憾而無法圓滿，遺憾終生；當然，若找到對的機構，用最貼近家屬的心情把最後這件事專業而順利地完成，也就圓滿了臨終者一百分的人生！

這樣的行銷觀點就點出了這個行業背後所帶來的價值，不只是行銷的亮點或銷售的話術，最重要的是，讓這個行業的從業人員知道自己不只是賣產品賺獎金，而是圓滿別人的人生，**創造自己的價值**，也是這個企業存在這個社會的意義，**這小小的一分卻為自己的生命大大的加分**。原來這份工作真正的意義與背後所成就的福報是如此的無遠弗屆，更讓從業人員對這個工作與這個行業的願景更有所期待，更願意全力以赴。

尋找第三者的角度

這邊特別提到有一次比較難忘的經驗，一般我們遇到禮儀師都是在莊嚴的喪禮中，工作中的禮儀師扮演很專業與肅穆的送行者角色，而且頂多三、五位。有一次我在這個生命禮儀公司對著全台禮儀師演講，現場坐滿兩百位全身穿黑色制服的禮儀師，那種空氣為之凝結的氛圍讓我瞬間差點忘記呼吸，我發現不但很少人有機會一次看到那麼多禮儀師之外，因為他們工作的屬性，更別想看到他們的笑，我在還沒上台前深呼吸了幾下，告訴自己：今天不管講得如何，只要讓兩百位禮儀師同時笑，那我就成功了！那是一種很衝突的畫面，但卻是很另類的挑戰，在演講過程中，當我看到兩百位禮儀師同時笑出來的畫面，竟然有一種莫名的成就感：我竟然有一天可以讓那麼多禮儀師同時笑，場面不再肅穆，送行者都不送行者了，原來禮儀師也是會笑的！我，成功了。

其實年輕時的我也是把賺錢擺第一，像我二十五歲開計程車時很單純只是想賺錢，從來不覺得把客人從甲地載到乙地有什麼特別的價值。只想著要跑哪條路線、要怎樣和客人搭話……能多賺一些就好了。慢慢地，經過時間和工作的歷練、累積，我慢慢懂得**去思考做一份工作背後隱藏的價值，這才是讓人會願意全心投入工作中的動力**。當我遇到挫折時，就會告訴自己並不只是因為要混口飯吃，而是因為這份工作有其社會責任；就像我現在接演講邀約前會思考各行業各領域存在的意義，找到與他們共同的語言，這樣我的演講才能進到聽眾的心，讓每個聽我演講的人除了更正面看待自己的工作外，更得到成就、舞台、榮譽，**找到價值，才會願意繼續付出，繼續往目標前進**。如果只是一味地嚷著要大家：趕快去賣掉產品賺獎金！大部分的人只要一踢到鐵板、被潑冷水就會放棄，因為沒有價值感與成就感，覺得自己那麼辛苦、耗盡心力，收穫好像不成比例，就會找藉口告訴自己不如換別行試試。

「滾石不生苔，轉職不聚財，」每個領域都有成功者，我會從第三者的角度去思考：這些成功者憑藉什麼支撐下去，而能到達人人稱羨的位階和收入。其中一定有獨特的吸引點，絕不是單純用錢去衡量的。

以我自己來說，如果只是傻愣愣地做事、每月領固定薪水實在太無趣了，我總是努力想著要怎麼幫助同事和公司做得更好，**小成功靠自己，大成功靠團體，因為團隊成功，我個人才會更穩定並且有成就感**。當我看到我幫助的人還清債務、買到房子、完成目標、贏得成就，從不敢站在台上講話到可以完成一場教育課程和演說，那種快樂遠遠超過我的實質金錢報酬！時時感覺努力付出很值得，就算身體累但那種成就感讓心中充滿快樂滿足。而這是我一路走來到三十幾歲才領悟出來的核心觀念，所以熱切地想分享給年輕朋友，幫助他們找到自我價值，能更快、更有動力地、全力以赴去追求自己的夢想。

努力漂白的原生地

我從不會抱怨這樣的家庭環境，或覺得父母不夠愛我，相反的，我充滿感謝。

飢餓的求學階段

小時候，我一直不知道父母從早到晚到底在忙什麼，只知道我家住在台北市的「古惑仔區」，就是有很多江湖人士、社會邊緣人等群聚的環境。常常看到黑道電影裡打打殺殺的場景出現在我眼前，手活生生地在我面前被砍斷、或從我們家陽台跳下去腿斷掉等等的畫面……屢見不鮮。那樣的環境對一個小孩來說實在很殘酷，可能很多父母連稍有黑暗面的電影都不讓小孩接觸，我卻是身歷其境在這樣的環境下長大，同樣的畫面不斷地重播再重播。

我家有九個小孩，而且都是男的，我有七個哥哥一個弟弟，最大的哥哥大我十七歲。在我四歲時我們家搬到士林一帶，父母租了一間小小的二十幾坪的房子，要擠六個小孩和父母共八個人，擁擠到連翻身都很難，那時最大的幾個哥哥已沒有跟我們住在一起了。

爸爸從小是孤兒，媽媽則是被送給人家當養女。外公在新北市三重有一點土地，在我國二的時候外公在這塊土地蓋了幾棟房子，分送給我媽媽的兄弟姐妹各一間。當時是用抽籤決定的，我們家最多小孩偏偏抽到最小間，於是我們又搬到三重，不到二十坪的屋子分成兩房，也就是除了我爸爸媽媽的房間之外，六個小孩要擠一間房間睡大通鋪，還是一樣的情景，連翻身都很難。

國中畢業後，我考上距離家裡較近的公立學校。我的哥哥們有的只有小學或國中畢業，他們不喜歡讀書，家裡也沒有錢可以讓他們去讀私立的，公立的又考不上，所以哥哥們都很年輕就出去工作了，或是到處交朋友。幾乎從國中開始，我就過著一個人的生活，時常回到家的時候沒有任何人在，甚至三餐沒人煮飯，我常常有一餐沒一餐。同學中午在吃便當的時候，我就會去操場玩單槓，玩到大家吃完午餐我才進教室，這樣就沒有人知道我沒飯吃，但心裡一直知道父母很辛苦在養這個家，我沒有任何抱怨。

最好趕快獨立，趕快賺錢……

因為這樣的環境，有時讓我滿自卑的，不懂為什麼我的家庭跟別人不一樣？國中時搬家到三重，學校在台北，下雨的時候，同學會有父母帶著雨衣或雨傘、開著車子或騎車來接他們，而我身上沒車錢，就只能淋著兩個小時的雨從台北走回三重。因為那時候還小，心裡只是反覆地想：為什麼別人都有家人的關愛，為什麼我常常都沒飯吃？但其他方面我並不覺得自己比別人差，包括個人的本質、思想、能力……我只是不喜歡讀書而已，但我告訴自己要比別人努力，這樣未來才有能力讓自己脫離這樣的環境，所以努力考上公立高中，然後去打工。

我常常晚上時分躺在河岸的堤防上看著天空，內心跟自己對話。我們家的人雖多，但是每個人時間兜不在一塊兒，我回去時他們都還沒回家，三更半夜我睡著了他們才回來，早上六點多就要起床去上學時他們都還在睡覺，幾乎沒有什麼機會互動。那時候我覺得，身邊有個好朋友是很重要的，所以每個求學階段我都會有一、兩個比較親近的朋友，甚至變成會一起躺在堤防上聊天的朋友。

上了高中之後，**為了交朋友我學習慢慢改變個性**，試著讓自己變得更活潑一點，而不是孤傲的邊緣人，後來慢慢地在班上變成逗樂大家的耍寶哥，也因為這樣，在學校得到更多的關注，更讓我覺得家裡只是一個冰冷的居住空間。但我還是不會抱怨父母，他們為了讓九個小孩可以活下去，已經花了很多心力，能夠平安長大就不錯了，哪敢想得到百分之百的愛。有時候早上起來跟媽媽要吃飯的錢，媽媽就會翻遍口袋，或是衣櫃裡面的外套去撈出一些零錢來給我。每次看她撈出幾十塊銅板給我的時候，就覺得撕心裂肺，心裡很掙扎地接過這些銅板後，告訴自己要趕快獨立賺錢，為了不再給他們負擔，決定去打工賺錢。

爸媽後來和朋友合夥做餐飲業，高二時，媽媽說餐廳打烊後負責拖地的人離職了，臨時叫我去遞補。每天晚上在餐廳關門後，我只要把整個餐廳的地板拖乾淨就有五百塊。一天就五百塊耶！五百塊在那時候算很多了，於是除了過年，我幾乎全年無休，每天從晚上十一點做到凌晨一點，回家已經兩點了，隔天六點再起床上課。之後我陸續在各處打工，只為了不想再看到媽媽在口袋找零錢的畫面，從此開始沒有再跟家人拿過一毛錢。

也因為如此，我深知這樣的環境與生活，會帶給小孩子的心靈很大的壓力與自卑感。當時我告訴自己，未來娶了老婆、生了小孩，一定不要讓他們過這樣的生活，至少要有一間自己的房子。腦中常常浮起溫馨的畫面，想像著房子有什麼格局、如何裝潢等。有時甚至幻想帶著老婆、小孩一起玩耍一起生活的模樣。而且我很清楚，想實現這些畫面，必須要投入很多心血，包括讀書、工作、賺錢、存錢，這些夢都在國中和高中的稚拙時期就一步一步在我腦海中架構了，也就成了我第一個很明確的人生目標。

到了二十歲要當兵了，我竟然獨立到一個人默默地入伍，家裡的人都不知道。後來下部隊還抽到了「金馬獎」，甚至人都已經到了金門幾個月，父母才想到家裡怎麼好像少了一個人，好像很久沒看到這個孩子，不知又野到哪裡了！

環境造就我的「獨立」與「冷靜」

我從不會抱怨這樣的家庭環境，或覺得父母不夠愛我，相反的，**我充滿感謝**。因為正是父母無法給予全部的關愛，也因為像這樣古惑仔的環境，造就我具備兩項非常重要的人格特質：「獨立」與「冷靜」。

為什麼會變得獨立？因為惡劣的環境告訴我，我必須趕快長大，趕快努力賺錢，讓未來脫離這樣的環境，讓未來的老婆與小孩可以過更好的生活，不必像我這樣在夾縫中自卑地活著。如此明確的目標，從小時候就開始生根，而且強烈到我想立刻長大。

至於冷靜的態度則是因為驚悚的畫面見多了，習以為常。也因為夠冷靜，所以當我在四十三歲人生最顛峰的時候，看到檢驗報告上寫的「惡性腫瘤」，我冷靜地告訴自己：哦！**我生病了，那就治療吧！**如果小時候父母把我養成媽寶，在看到那四個字時我可能會崩潰、痛哭、放棄，甚至活不過一年。所以學習冷靜真的是一件很棒的事。環境造就我的獨立與冷靜，於是在未來遇到任何事，我只告訴自己，**要冷靜思考並獨立想辦法去面對它**。

不要去抱怨自己沒有富爸爸、不能銜著金湯匙來世間，各種環境都是培養我們未來發展的起點與歷煉。生命中的每一道難題背後都包含著一份禮物，就像我小時候的環境複雜又艱辛，誰知這樣的經歷竟然在三十幾年後，反而成為幫助我足以支撐下去、勇敢冷靜地面對生死關卡的一份大禮！但若你真的有個富爸爸，那就應該珍惜你比別人更有力的起點，創造更不一樣的人生！

一條金項鍊的震撼

一想到那一晚，那個畫面，眼眶就不由得矇矓濕熱，我真的從心底深處感到非常滿足。

十九歲那一年

畢業後第一份較正式的工作是擔任外務員，那是高中同學的舅舅在一家大企業裡當襄理，安插一份外務的職務給我同學。同學比我大一歲，所以比我早一年去當兵，他問我要不要去接他的位置。我當然欣然接受，於是開始了跑外務的生活。那確實是一家大企業，但當時一個月薪水不到兩萬，而且同時媽媽已得知罹患鼻咽癌，家中經濟更拮据，這份工作讓我可以分擔家裡的貸款，所以很珍惜這份工作，這樣才能為家裡做點貢獻。

我那時天天充滿動力地工作，十八、九歲的我對媽媽的病毫無概念，照顧媽媽的工作主要都落在大哥、二哥身上，爸爸還是必須繼續原來的工作。後來想到這段日子，雖然我們幾個兄弟不是很親密，印象裡較大的哥哥們已經有獨立工作的能力，都沒住在家裡，只是偶爾會帶我們幾個小的弟弟去吃飯，彼此的互動很少，但在此時他們讓年紀小的弟弟不用分擔照顧媽媽的工作，真的很感恩！

媽媽生病後，並沒有一直住在醫院裡，因為她怕治療的副作用會掉頭髮、掉牙齒，非常怕變醜，聽信了一些民間偏方，花了很多錢，但病況時好時壞。大概病了兩年多以後，有一天半夜，爸爸打電話來，說媽媽走了，那時候我十九歲。

被母親疼惜的滋味

媽媽臨走前的一、兩個月還住在家裡，有一天晚上我正在睡覺，她忽然敲門進來，把一條金項鍊套在我脖子上，那是她用了身上僅存的幾千元買的。我揉著惺忪的睡眼問她為什麼要送我，媽媽說：「你以後去當兵要好好地守規矩，不要像哥哥他們那樣不聽話，這條項鍊是媽媽唯一能送你的東西。」

媽媽可能知道自己快離開人世，整個人生都在打拚養家，孩子又時不時惹麻煩，讓她費盡心力處理善後，卻從來沒有栽培我這個最乖的小孩。或許是一種彌補心態，覺得她沒花什麼心思照顧我，最後階段想稍稍表示她的關愛，才會用全部的錢買一條金項鍊送給我。

迷迷濛濛間，我一下子突然清醒了，那一刻讓我覺得：「哇，媽媽很愛我耶！」從小到大從來沒有感受到這麼深的父母親情，因為太多小孩，他們忙著賺錢養家，實在無暇關愛我們每一個，現在媽媽生病了，特別買一條金項鍊給我，單獨跟我說話……我頓時感覺到一種被母親疼惜的滋味，那是在成長過程中非常少感受到的。所以在我心中，那條小小的項鍊不僅是本身的價錢，而是十九年來沒得到的愛，就在那十分鐘內，我全部擁有了。它雖然只是一條細細的項鍊，卻因為媽媽的愛變得好重好重，我未來一定要讓我的小孩一直擁有這樣的愛。

人的快樂與滿足來自內心的要求，因為要求不高，自然很容易就得到滿足，很小的事物就可以讓你感到快樂。小時候我的要求就是，只要有地方睡、有衣穿、有飯吃，就很開心了！直到現在，我也不會想要住豪宅、開名車、吃山珍海味那些奢華享受，只希望能和家人平安地相聚在一起就滿足了。當年媽媽送的金項鍊只值幾千塊，而短短幾句話也不是什麼了不起的名言家訓或催淚話語，但我一想到那一晚，那個畫面，眼眶就不由得矇矓濕熱，我真的從心底深處感到非常滿足，因為這已是傾盡她所能給予我的全部，「**原來，愛一直存在。**」

·李歐夢想語錄·

我從不抱怨我的家庭環境。
正是由於父母無法給予全部的關愛，
造就我具備兩項非常重要的人格特質：
「獨立」與「冷靜」。

第一桶金的起點

接下去該找什麼工作、該怎麼賺進第一桶金，我完全沒有頭緒。

我的自信心

小時候我是個非常內向的孩子，到國中仍很自卑，因為我一直覺得自己的家庭跟別的同學不一樣，無法跟人家比，自然盡量少說話，結果越來越害羞，不善表達，想把自己隱藏在人群裡。直到上了高中之後，我讀工科，全班都是瘋瘋癲癲的男生，我彷彿忽然放鬆了，真實個性在此階段大爆發，變成班上的耍寶哥，還被選為班長！

當了班長更把我推向站在班級頂端的人，那是我以前從來不敢想像的。我們班每個禮拜都拿整潔獎、秩序獎，負責打分數那一班的學妹對我印象不錯，就算我們班滿地垃圾，班上常常像個菜市場，她都把分數打得很高。因為我是班長，所以每個禮拜的週會都代表班上在一、兩千人面前上台領獎。這一切讓我漸漸有了自信心，**原來我也可以引人矚目！原來改變個性，世界也會跟著改變**。更奇妙的是，幫我們班分數打很高的那位學妹，竟然就是我的第一個女朋友，日後還成為我親愛的老婆。這是什麼莫名其妙的緣分啊！

發揮喜歡想「怪招」的特點

出社會後對變化莫測的市場行銷與活動規劃產生興趣，似乎就是從高中開始培養的。學校有一些救國團、青年團的活動，大家一起在外面住三天兩夜，當然就要準備很多課程與表演。身為班長，我常想一些爆笑短劇內容顛覆當時老派的活動，譬如把白雪公主吃毒蘋果改成吃一粒很大的檳榔，反正盡量「走鐘、無厘頭」，想博得大家的歡笑和掌聲，沒想到這種天馬行空的想像力跟特質，讓我得到更多的注意與肯定，日後出社會還真的可以運用在不斷轉變的行銷市場。我喜歡去想「怪招」，也會去思考工作的價值，更喜歡去分析市場不同的族群與不同領域的關係等等。

二十歲時去當兵，新兵訓練的中心在宜蘭的金六結。每個週日都可以會客，家人不知道我入伍了，幸好我和女朋友感情還不錯，她每到週日都會去搭凌晨四點零六分的慢車，幾乎沒辦法入睡的一路晃了快四小時才到宜蘭，到宜蘭之後再轉搭計程車到營區來陪伴我。她永遠是整個營區幾千個阿兵哥中第一個來簽名會客的人，所以每一個週日，部隊中第一個被喊名字有會客的一定是我。如果是連假，像元旦連休三天，她更是連續三天每天都第一個來、最後一個走，我心中真的很感動，因為她讓我當兵的時候沒有失落感。

有些同袍很少有家人朋友來會客，只能在那邊擦皮鞋、摺衣服，看起來滿孤單可憐——而那就是我從小備嚐的滋味，那種別的同學都有家長來接送，只有我孤零零一人的感覺。女友不只是情人，也是家人，她這樣的付出，我越發覺得未來要盡力對她好，和她一起創造美好的生活。

第一筆年終獎金：三百八十一元

受訓兩個月結束要抽籤下部隊，我很幸運地抽到金馬獎：「金門」。當時金門還沒開放觀光，只能等每八個月放一星期的假時才能回台灣。下部隊三個月後我女朋友哭著打電話告訴我五哥，家人才知道我去當兵了。當了快兩年的兵，在快退伍的前幾個月，金門開放觀光，女朋友立刻飛來金門，我們倆租一部摩托車在金門開心地穿梭玩了四天，那幾天雖然玩得青春無敵又無憂無慮，但當時在我心中早已設定好的第一個目標也更堅定：趕快退伍、趕快成立我心目中的美好家庭。目標很明確：買房子！信念更強烈，對她好一點，過更美好的生活！

退伍之後，我很積極地找到第一份工作——旅遊平安險的經紀人。旅行社出團一定都必須幫旅客投保最低的旅行平安險，我就是負責核對旅行社傳來的團員名冊後幫他們辦理投保旅行平安險。簡單講，公司是經紀人，客戶把資料給我們，我們選擇一家最適合的保險公司，然後做後續投保作業。努力學習做了半年之後，剛好過年，結果年終獎金只領到了三百八十一元。我自問工作很認真，公司業績也不差，怎麼會連整數的小紅包都沒有？人生第一次領到這樣數字的年終獎金讓我非常失落。

這樣下去不是辦法，根本沒辦法存到錢，更不可能完成我的目標：娶女友、買房子和車子、生小孩……金錢雖非萬能，但沒有金錢萬萬不能啊。而且這家公司顯然短期內升遷也無望，不會是有格局的公司，就當作經驗吧！所以我不想浪費時間，毅然決定離職，打算自己創業，先從一個紅茶攤開始做，那時候在東區紅茶攤並不熱門，後來我想乾脆改成小店面，除了紅茶，還可以再做一些簡單的熟食。因為我們家一直做餐飲，可能是有這樣的基因吧，所以幾個兄弟都會做菜，每個人結婚後，全部都是老公在下廚。我也從來沒要求老婆去學做菜，因為我覺得能夠做菜給她吃、看著家人吃我做的菜，吃得津津有味的那種畫面也是一種幸福的感覺。

用時間和體力換取金錢

其實婚前我們就天天在一起吃飯、騎車到處玩，那時候偶爾住女友家，她媽媽對我很好，每天飯煮好總是第一個叫我吃飯，時間一久，我就很厚臉皮地打包行李，直接住進他們家，跟女友住同一個房間，她家人也沒有反對。女友家是泡老人茶的店，有時候我放假會在家裡幫忙泡茶給客人喝，所以學做泡沫紅茶也難不倒我。

開始創業時充滿希望，但大概一年後發現很辛苦卻沒賺到什麼錢，於是把店頂讓掉，頂讓的幾萬塊給女友的媽媽，她一直如此照顧、信任我，開店初期還向女友的弟弟借錢，我心中充滿感謝，卻只能給予這麼一點點，實在滿羞愧，但這是目前我僅有的，我唯一能做的就是把她女兒照顧好。而創業又讓我學到了一點經驗：產品、服務、市場、成本等等的資訊。

接下去該找什麼工作、該怎麼賺進第一桶金，完全沒有頭緒。當時我六哥、七哥還有我女友的大姐夫都在開計程車，我問他們這樣跑一天可以賺多少錢？他們說有時候運氣真的不好就一千多塊，運氣好可以到兩、三千塊。我盤算了一番，如果運氣不好時，我大不了就把時間拉長，如果每天平均可以賺兩千元以上的話，一個月不就可以賺六、七萬？比上班的兩萬元累積要快多了，而當時也計畫結婚，於是二話不說就標了一個會來結婚，剩下的錢買了一台二手計程車，打算用時間跟體力去換取金錢。那個時候開計程車比現在好賺，我滿腦子只有想到賺錢，且覺得自己選擇一個很正當的工作，反正先達成買房子的目標，未來再慢慢打算，什麼興趣志向暫且拋一邊，在心中默想：好，我就跟它拚兩年！

為了「不用找」這三個字

為了交朋友，我改變了自卑的個性；為了「不用找」這三個字，我學習了談話的技巧。

互動經驗的累積

決定開計程車前我先結婚，婚後我們搬到林口跟她開計程車的姐夫同住，每個月給一點房租，總之就是盡量省到最高點。每天一大早從林口開車載老婆到台北上班，然後開十幾個小時的計程車努力賺到兩千元以上。如果運氣好提早賺到兩千了，可是老婆還沒下班，我不會提早休息而是繼續開，能多賺兩、三百也好；當然有時候會很慘，業績就是很差，我通常會把時間延長，盡量達到目標。時間跟金錢當然不會是絕對值，可是它是相對的，時間久，收入相對就有機會賺比較多，但有時候難免會幾個小時內完全沒載到客人，心中充滿焦慮與沮喪，擔心今天沒達到業績，目標就必須再往後延。

在沒有客人的時候，我**開始思索**要怎麼樣可以每趟多賺一點。那時候我只有二十五歲，大家應該很少遇到這樣的小鮮肉在開計程車吧？很多客人看我年輕且滿友善，就會主動跟我聊天，他們會好奇，為什麼這麼年輕來當計程車司機？怎麼會想到要來開計程車？剛開始我都只是簡單回應，後來我發現，開計程車會接觸到很多不同的族群、不同的年紀、不同的行業，不像大多數的工作只會接觸到自己所處圈子相關的人，你可以在一天十到十二個小時之內，接觸到老師、老闆、一般上班族，也有可能是酒店小姐或比較粗獷的工人，甚至是道上兄弟等。這個特性讓我想到：既然客人想和我聊天，我就試著和他們聊，背後的目的是為了可以多賺點錢。

這個經歷讓我學習到在跟不同的族群對話時，用不同的語言跟語氣去跟他們互動，在這趟車程中讓他們感到不無聊，因而常常會多給我一些小費——就是「不用找」，而這樣的經驗更在未來工作上給了我相當大的幫助。

開計程車，練習說話術

於是我開始學習當個健談的司機，載到不同行業的客人，就**轉換語言的表達方式與內容**，盡量跟他們話題相投。譬如說：我老婆的公司在林森北路附近，眾所周知那裡有很多酒店，有時常常會載到酒店小姐或酒客，因為我本來就是在類似的環境長大的，遇到這樣的族群就會用比較江湖味的口氣和他們哈拉。而當我開到青年公園附近，那裡很多乘客是公教人員，他們多半都因為職業的關係，會以老師教學生的方式教導我可以繼續讀書才會有出息等等，我就會用文青一點的語調開始跟他們侃侃而談自己的一些目標……果然很多人因為和我聊得很開心，就會給整鈔，並且不收找的零錢。我只要多賺幾十塊錢就很開心了，然後等待下一個客人。**用心地聊天**就是為了客人下車時，可能會說出那句最悅耳的話：「不用找！」

有時就因為「不用找」這三個字可以讓我開心很久呢！

不要小看一趟多賺個十元、二十元，當時為了要買房子這個目標，每天一餐我就只花五十塊。有時就算和乘客之間沒有互動，可是乘客彼此可能會先在車上聊天或開會討論，我就**趁機從他們的對話裡面去學習一些東西，潛移默化給自己累積一些新資訊**，並非想到未來會用到，只是想累積更多知識、時事，才能和下一個客人**有互動的話題**，多賺一點小費，積少成多。我原來其實不擅言詞，尤其面對陌生人更是難以啟齒，但在想賺錢的目標與信念的支撐下，必須半勉強自己去跟客人互動，只為了多賺一個「不用找」。如果一天多遇到幾位跟我說「不用找」的客人，那不就夠我吃好多餐了嗎？

前面說了，為了交朋友，我改變了自卑的個性；為了「不用找」這三個字，我學習了談話的技巧，更沒想到這些日積月累偷聽來的資訊、轉換語言的方式，這種吸納百川的學習習慣、看人的判斷能力，竟也給了我日後工作時做市場行銷很多的想法。在遇到不同客戶、不同的族群、不同的對象、不同的年齡時，我會怎麼轉換成跟他一樣的頻道與語言，進而達成交易。例如遇到大媽客戶，就可以用比較親切的家常話語讓她放下戒心；如果遇到高知識分子，就稍微咬文嚼字裝一下假文青。這真的很重要，**當你的語言無法跟對方溝通的時候，就沒辦法得到人家的認同，當你不被認同，那麼你提的案子再好也沒用**。所以，千萬不要妄自菲薄，**只要肯用心，各種經歷都可能成為未來成功的養分，一路走來真的是意想不到的收穫**。

擬定目標，建構信念

如果你想做的事是對的，為什麼要在乎別人怎麼看你怎麼說你？

永遠想好的一面

沒有夢想比貧窮更可怕！每個人都要設定目標或夢想，並且必須要在這個目標或夢想下面建構一個強烈的「信念」。如果你只有目標卻沒有信念，當挫敗發生時你的目標可能會立刻瓦解，然後改變目標，結果離原本的理想越來越遠。舉個例子，假設你一個月收入是三萬元，你設定要在明年底存到五十萬，似乎有點困難，又好像可以達成。你努力地存啊存，此時朋友知道你的想法，劈頭就說這是不可能的任務潑你冷水，勸你今朝有酒今朝醉。你立馬覺得不然目標改為三十萬好了，然後哪一天你又忍不住想買個名牌包、出國去玩，安慰自己不要設定太高，偷偷地又把目標降低到十萬……最後不但一塊錢都沒存到，還欠了一大筆信用卡債。為什麼會這樣？因為你沒有堅強的信念在支撐，那你設定的目標根本只是幌子。

我的目標很簡單，就是要賺錢買房子、娶妻、生子，給家人舒適安穩的生活。十七歲是我的初戀，我跟我第一位女朋友（那個亂打分數的學妹）交往第九年後結婚，結婚至今二〇一七年已二十一週年了，也就是在一起二十九年了。在結婚二十一週年前一個禮拜，她跟我說：「老公，好奇怪，我這幾天一直做一個奇怪的夢。」我問她做什麼夢？她說：「我夢到你送我一個好大的鑽戒喔，不曉得這樣的夢是什麼意思？」我聽完就趕快去買了一個禮物：一本書叫《解夢》。朋友聽了都大笑，佩服我對生命真的看得很豁達。

當然這只是開個玩笑，逗逗老婆大人。我對家人向來是毫無保留地付出，而背後需要極大的努力去累積。我的目標還在，所以退伍之後，我做保險經紀人、開泡沫紅茶店和咖啡店、賣電器、開牛排店……還做過房屋外牆防漏，就是在二十幾層樓的大樓外牆掛著吊車刷防水漆，坐吊車其實很驚險，但我總想著大家還得花錢去遊樂園玩雲霄飛車，我可以免費玩還有錢賺！總之我永遠想好的一面，讓自己在辛苦地工作時也可以豁達一點。因為我的**目標很明確**、**信念很強烈**。

因為我想賺錢，錯了嗎？

結婚後我開始了計程車司機的生涯，當時「小黃司機」大部分是較低階的人所從事的工作，形象比較負面。相對於現在因競爭激烈，司機有車行的規範、制服的規定、還有申訴管道等，司機的水平普遍增高很多，但二十年前的計程車司機似乎就代表沒讀什麼書、沒技能或半退休的人才會去做，因為這個行業太自由，不用打卡，一天想開三小時就三小時，想休息就休息，也常會聚集在橋下喝酒、賭博，整天吃檳榔、上工時搶快又搶客人……但我沒有去思考這些，也不管丈母娘或別人怎麼看待我，因為我很清楚我要什麼。

直到有一天我載到一位心理輔導老師，才驚覺原來開計程車是這麼被看不起！可能是工作使然，我們聊了兩句他就開始輔導我：「你這個年紀應該去做更有前途的工作，不該來開計程車。」

「因為我想賺錢！」我很直接地回答。

他說：「很多工作都是從兩萬、三萬開始做，你開計程車，開三年五年還是賺五萬。可是你努力工作，可能三年以後已經升遷，到時就不止五萬了。」

我當下真的很不以為然，覺得他想得太美好，誰說三年後一定可以升遷？萬一被開除呢，哪有工作那麼好賺？要不要介紹我去呢？至少我現在賺的是看得到的。

他接著又說：「賺錢方式有很多，你那麼年輕，開計程車很沒出息，如果下次再讓我我搭到你開的計程車，我真的會賞你一巴掌。」

那個下午我沒有再繼續載客人，我開著空車在台北市區一直繞一直繞。我不曉得我哪裡錯了？他怎麼忍心對一個二十五歲的熱血男孩講這麼殘酷的話？或許他覺得我很不受教，滿腦子只有錢，完全沒理想抱負，但我用時間跟體力來換取工錢哪裡錯了？而且前面幾個工作確實都沒賺到什麼錢啊。回到家，想了想，隔天起床我繼續開著我的車，繼續朝目標前進。

堅持下去，請為自己鼓掌

我心想，**只要相信自己的目標是對的**，我想要買房子讓家人過更好的生活，我不偷不搶不騙，為什麼要把自己的目標活在別人的眼皮裡、要把自己的夢想建構在別人的嘴皮下？我如果就這樣放棄了，那很有可能我到現在還在領三萬元的薪水，還在租房子不敢生小孩。如果你想做的事是對的，為什麼要在乎別人怎麼看你怎麼說你？當然，如果你是靠販毒、或做詐騙集團，這方式是錯的，目標再偉大都行不通。**如果你的工作很正當，就不必受別人影響，不要因為一點小事或別人的一句酸言冷語就敲碎你的玻璃心、瓦解你的夢想**，然後你依然頹廢，他依然快活。

記得有一個節目的主持人問美國剛當選的總統川普：「如果你現在一無所有，你會怎麼做？」川普很瀟灑地說他會找一家穩定的公司從銷售員開始做起，全場噓聲大作。川普笑一笑，很霸氣地說：「這就是為什麼我可以抬頭挺胸地坐在這裡，而你們只能坐在下面的原因！」**因為噓人的、酸人的，是自己辦不到，所以也不相信別人能辦到，這就是格局**。那些酸你的人給你多少錢，讓你放棄你的夢想？沒有！只有出一張嘴、只是見不得你變得比他好。

冷靜下來想，那位輔導老師的指教我也虛心接受，他可能誤以為我要把司機當終生職業，但從一開始我就確定這是短期計畫，不會改變。所以開了計程車一年半之後，與老婆的薪水存到一百多萬的頭期款，終於達到了人生第一個目標：買下第一間房子，接著我要展開下一步計畫、下一個目標：讓我家人過更好的生活。

現在，如果再見到那位心理輔導老師，我想他給我的不是巴掌，而是鼓掌了！

這就是**堅持的力量**。

從菜鳥到經理

不要抱怨自己的工作多累多苦，沒有工作是不辛苦的，成功的人都熱愛他的工作。

盡量爭取任務，積極表現

達到人生的第一個目標時，我的小孩剛出生，當然希望能有更多的時間陪他。開計程車的工時實在太長了，我希望有更長的時間陪伴家人、陪小孩長大，畢竟他的童年只有一次，我不希望他像我小時候不知道什麼叫關愛。此時已經完成了第一個目標，所以決定把車子賣掉，進入了行銷公司當行政人員：總務，這個工作因為時間固定，可以正常放假陪老婆小孩出去玩。什麼是總務？內容很單純，就是公司的各種小物件由我採買。以前同事需要用什麼就自己買了報帳，我擔任此職務後很仔細比價，然後製作表單管控，幾個月下來很明顯地省了一筆費用。

主管頗為讚賞，就試著再讓我負責更多的管理權責，後來連各分公司所有的資產都是我管。由於不只是鉛筆、影印紙、文件夾這些小文具，我開始找資料學習「資產管理」，最後全省都跑遍，將所有的桌子椅子、電腦設備……全部都列出清單，各單位主管分別要負責管理這些資產，當同事有需要某樣東西時，我就會檢查哪一些分公司有多餘的可調度，或者超過多少金額以上必須要有更高階的主管、甚至總經理簽核，避免大家濫用公司物品或隨意採買。

我努力動腦筋，力求表現，但總務一個月的薪水就差不多兩萬多塊，這樣微薄的收入要讓家人過更好的生活好像滿困難，所以人生的第二個目標又出現了：往更高階爬，才有機會領到更高的薪水讓家人過得更好。我一定要在工作上有一些表現，才能提高晉升的機會，所以必須比別人更努力，**有任務就爭取，爭取到就要做好**，即使因此下班之後還要花時間研究資料也無妨。

從不排斥棘手的案子

記得那年進這家公司時，正逢十二月聖誕party活動，做內勤的我卻擔任主持，包括寫主持稿、安排整場活動流程，幸好在高中時我改變了個性去接受主導與規劃活動的洗禮，讓我現在可以展現出當時所累積的「小本領」。**每一次經驗、工作，哪怕再微小或再棘手，我都很珍惜**，因為又可以學習新事物成就自己，並藉機獲得主管注意。有人覺得我學習能力很強，但前提是因為有所求、有目的，我必須達到渴望的目標：成為最高階主管。所以**必須強迫成長**，**這就是促使我學習的動力**。任何一件棘手案子交付到我手上時，我的心裡從不會排斥，而是開始構想怎麼去完成。

當時公司在同業中的表現排在台灣此領域的前十大，其他大部分都是外商，很少本土的，可見其業績之興盛與可發揮的空間讓我很積極也很投入。由於成長得很快，一直在找新人，我讓老婆也來應徵，結果我們在同一個部門。有人很疑惑，為什麼要讓老婆同一部門一起上班，這樣不是會綁手綁腳的嗎？二十四小時黏在一起，不會膩嗎？可是我想的是夫妻兩個人可以一起上班，一起下班去接小朋友，然後回家一起吃晚餐，沒什麼不好啊！（開句玩笑話，還可以擋擋一些沒必要的桃花。）事實上，這個公司很有發展，收入很穩定，對待員工也很人性，當時我們夫妻兩人的薪水加起來大概有五萬元，不花奢侈品的情形下足以負擔房貸和小孩的教育等等開銷。上班賺錢就是要養家、實現夢想，讓家人過更好的生活，並不是為了逃離老婆的視線，我享受一起工作的生活，因為他們不就是我努力的動力嗎？

機會一來，就要把事情做好

過了半年，部門主管要調到另外一個部門，沒想到他居然問我有沒有意願接他的位置。怎麼會輪到我？畢竟我們部門裡面其他人都比我資深，可是主管卻選擇了我，這令我非常驚訝，肯定也跌破許多人的眼鏡。但機會來了不容錯過，就這樣我當上了課長，也因此有機會在提案的過程和老闆直接互動，**讓老闆看到我，也磨練我轉變角色，改變看事情的高度與學**

習提案的經驗。

總務課長要做的事情更複雜難搞，我要成立職工福利委員會、中辦防火設施及消防安檢、建立內部制度等等，因為當時公司才剛茁壯長大，有很多必須符合一些政府規範的細節都還沒做好。我對於那些事務、各種複雜的程序所知是零，可是我要求自己在很短的時間內把制度架構起來。最主要的是公司內部所有的管理制度，我全部建立成文字化，而且全台灣分公司所有的資產，也一件一件去清點、一件一件做整理。另外，有一些政府公文下來要公司做某某事，老闆交付後，我完全傻眼，簡直就是外星文的有字天書！只好每個禮拜跑市政府的勞工局第三科好幾趟，去問非常多相關法令的問題。**沒有人教導帶領我這個菜鳥，所有規劃跟管理都靠自己去翻查大量書籍學習，只為了把事情做好**。

成立職工福利委員會以後，我負責當主任委員，那是一份非常辛苦又困難的工作。我要籌辦公司很多的活動，包括會員的活動、公司內部的尾牙及員工旅遊。這種眾人之事有很多細節，譬如員工旅遊，因為我們公司有兩百多人，所以要規劃如何分批出國，然後每個部門必須讓我知道怎麼樣讓工作持續銜接且不影響顧客的權益等。

我更規劃了公司接電話的禮儀跟訓練。我想像自己身為一個客戶時，最希望進到一家公司後感受到怎麼樣的服務？然後第一個想到的是航空公司，因為航空公司始終強調「以客為尊」，堪稱服務業的領頭羊。所以我就打電話去航空公司，假裝要訂票或去詢問一些細節，然後學習他們的回答方式和話語，甚至還直接去現場假裝是客人，**觀察**他們接待客戶的第一句話是什麼？去體會什麼是以客為尊的服務品質……如此**親身去體驗搜尋**，再與同事討論制定出有我們自己文化的服務方式。

成功的人都熱愛他的工作

還有一個改革也是這樣體驗的結果。原本我們公司服務的櫃檯很高，員工坐著key訂單，客人只能站著，有時候員工key個單，刷個卡再領個貨，客人要站上十分鐘等待。我覺得這樣非常不體貼，所以主張把櫃檯改低，讓客人和客服人員可以坐著面對面才合乎服務業的精神。當然這種種想法都先跟老闆討論過才去實行，漸漸地，我發現當我又再提出某種新想法時，老闆只回一句話：「你去辦、你決定就好！」如同我當小黃司機時一樣，只為了得到一句「不用找」，我強迫自己學習各種知識語言和乘客有愉快的互動；現在則是提案前，必須在腦子裡做相當程度的規劃與功課，自己用客戶的角度去思考什麼服務我會感到滿意，只為了要得到老闆的一句話「你決定就好！」，或是在簽呈上面批一個字：准。

不到一年的時間，我把公司所有的ＳＯＰ都架構完成，老闆升我做管理部副理，再一年升管理部經理。不要抱怨自己的工作多累多苦，**沒有工作是不辛苦的，成功的人都熱愛他的工作**。辛苦的「辛」上面加上「一」就變成幸福的幸，所以**只要再辛苦一點，就會得到幸福**。

學習思考，把握原則

思考邏輯是很重要的一環，我當下會先讓自己跳脫出來，從第三者的角度看問題。

主動規劃制度

能坐上經理那個位置，一方面是我努力學習求表現，另一方面也是時機。因為公司成立初期比較沒規劃，處在一種制度不完整、主管說了算的狀況，剛開始可能還沒問題，但公司規模漸漸擴大後若再沒有規範，一定會漏洞百出，包括採購的漏洞、各種費用的申請、升遷加薪的標準等等，有太多管理問題需要改善。有時，機會就在混亂中。

於是我**開始思考**，**各部門的管理權責在哪裡**？要怎麼樣把這種管理權責變成一種制度上的管理，而不是每個單位、每個部門各行其事，主管以本位主義帶下屬，那根本稱不上管理。所以我著手制定了更完整的制度，包括員工的工作規則及薪資考核標準化。公司剛開始成立時期，都會找認識的朋友、家人來協助，每個人對薪資的期望差異很大，在毫無制度之下，老闆常常感到很為難。加薪方式也毫無標準，以往員工要求加薪，主管就提個簽呈，老闆覺得營運狀況還不錯，不要讓人才流失，就大筆一簽核准。我想出的制度是規劃統一各階職等應該落在多少薪資，加一級固定加薪多少，白紙黑字寫得清清楚楚，而非你隨意喊價。如果有人的要求和公司規定產生落差，那他就要自己取捨或提出合理的理由。當然也不是就這麼一板一眼對所有人都齊頭式的衡量，畢竟每個人的資歷、能力不同，進入公司後的表現更是明顯有差異，所以另外會設定職務加給和獎金等等，這樣勞資雙方都有伸縮的空間。

每一個任務，都是機會

當老闆交代一個任務：第一、我一定會選擇接下來，而不是排斥，不

然可能以後就沒機會了。失去這個機會就離往上爬的時間更遠，也沒辦法累積經驗，而且會讓人家覺得你只是來混口飯吃。第二、我會用一種漏斗式的方式去提問，把老闆沒有講清楚的想法或思維，或我沒聽清楚的細節慢慢**聚焦整理到充分理解整個案子的核心目的**，如此可以省略我所需花費的時間，提案可以更精準。第三、因為增加了**溝通的機會**，也讓主管及各單位了解到我的熱情與思考模式、市場考量等等。

思考邏輯是很重要的一環，我當下會先讓自己跳脫出來，從第三者的角度看問題。這個方法很奇妙，常常會因此突然覺醒，立刻發現缺口在哪裡。可是如果一直埋頭在裡面蠻幹，像寫功課應付式的完成，永遠都不曉得問題的癥結點。我也會去思考上司的授權程度，並熟悉他的作風，這樣可以評估出較可能被接受的程度，然後我會提出不同的方案，再評估優缺點去和上司討論。

剛開始在提案的過程會講得口齒不清、沒有邏輯、常常被打槍，然後每次被打槍，我就會再深入思考怎樣去解決，釐清邏輯，再次演練，不容許自己在同樣事情上犯第二次錯誤。如果案子本身是對的，細節當然有調整的空間，但若因為我的陳述或表達不明確而被擱置或否決就太可惜了。

舉例來說，為了做公司的員工制服，我花了非常多的時間、跑了很多地方，甚至去了解各種布料特性。提案之前，我會去找幾家企業的制服圖片，再去做全體員工問卷調查，綜合大家的意見。像是很多人提出我們公司不是整天坐在櫃檯，還要到處走動搬貨，所以制服不能很拘謹、很合身等等。經過很多的互動跟溝通，得出來的結論，案子被接受度就很高。否則若我只顧及到視覺而沒顧及到實際工作時的方便性，就會花了錢做出好看卻不實用的制服，我不希望公司被員工當作「一言堂」，勉強大家默默配合公司的決定，而是希望用很民主的方式，讓全體員工參與並獲得多數人同意，互相學習有共識才叫共事。

引以為豪的人格潔癖

前一任主管比較有個性也比較決斷，記得以前吃飯時就會聽到部分同事在批評這位主管，那時我忍不住想像：**如果我是主管，應該怎麼做？**因為我是從最基層慢慢爬上來的，所以我比一些空降的或者老闆親近的人更清楚基層的聲音，而當我做到主管時，已對所有實際工作操作細節有很全面的了解，工作的風格自然就比較容易得到員工的認同。我可不希望未來成為他們吃飯時抱怨的那個傢伙！一個制度不可能滿足百分之百的人，一定有些人拍手叫好、有些人嗤之以鼻，如果同事提出制度的瑕疵點，我會站在中立的角度想，或可能性的制訂一些附帶條款，在不違背大原則下，盡量讓所有人滿足，最大的考量點是公司營運順利、勞資雙方皆大歡喜，而如此獲得的結論通常老闆的接受度也很高，因為我不是完全只顧著勞方或資方，這一直在**累積及培養我的協調能力**，**更是訓練我看事情的格局不**

會太主觀。

能被老闆器重、信任，我想最重要的是**道德與品格**。做錯事情是可以被容許的，但如果同樣的錯犯第二次或明知道是錯的事卻去做，就完全不被容許。有一次公司要做消防檢查，某家消防安檢公司跟我說，他們都是政府外聘的，屬於跟政府簽約的外部單位，只要我給他們這個案子，費用是三萬元，他們拿到錢之後會匯給我八千，我立刻拒絕找別家。為什麼不老老實實算我兩萬五千元，那他們還可以多賺三千啊！難道我的人格只值那八千元嗎？沒錯，我一直有人格潔癖，非常堅守道德原則，並且引以為豪，因為：我不容許自己的人格被汙衊。

·李歐夢想語錄·

小成功靠自己，大成功靠團體，因為團隊成功，我個人才會更穩定並且有成就感。

激發自我和他人的潛能

有些事不去試還真的不知道自己有幾兩重，但不去試就會一直後悔自己為什麼不去試。

半年三十萬，我又買到了一個經驗

當管理部經理大概兩年後，雖然一切都很穩定，但畢竟這樣的工作內容似乎缺乏挑戰性，一度想追求更多的可能性，於是我又開始蠢蠢欲動，又想再試著自己開店做生意，雖然根本搞不清楚市場狀況，反正就一股腦兒地想再創業，於是和老闆提了辭呈。老闆先意圖挽留不成，令我驚訝的是，老闆居然打了一通電話給會計，然後和我說：「你去會計那邊拿三十萬，趕快去開店，趕快倒一倒，然後趕快回來上班。」老闆這樣反其道而行的作風真的讓我很意外，天底下有這麼美的事？我二話不說領了這筆創業基金馬上去開店，還信心滿滿地覺得我一定會成功，沒想到半年之後，我打了一通電話給老闆，隔天我就乖乖地回來請他幫我安排一個職務。當時會想再創業有一部份的原因是那個年代的整個經濟環境都還不錯，而且台灣正盛行「加盟創業」的經營模式，讓想創業又沒經驗的人不用自己花很多時間去研發，也不用花很多費用經營品牌，加盟廠商都有一整套的軟硬體規劃與技術轉移，聽到那些加盟主親自分享成功的過程與還不錯的收入，當下感覺只要有心應該就有機會，於是經過不專業的評估後決定開一家夢想的咖啡店，馬上帶著老婆下南部去總公司學習製作技術與開店流程，訓練完後在台北的一家量販店的商店街租了二個單位的空間，就開始了沒日沒夜又充滿熱情的創業夢，當時我兒子三歲，把他帶到店裡可以一併照顧，他竟然在短短的幾天內就跟商店街的各店家老闆打成一片，很快就變成商店街的吉祥物，很多店家都會陪他玩，我跟老婆也可以很安心的認真經營咖啡店。

過了一個月、二個月、三個月，我們發現每天工作十幾個小時，完全沒休假，賺的錢全都付了租金，而且再精算後，就算生意再好也賺不到兩個人原來上班的月薪，然後才發現其實並不是錢花了、店開了就會有收入，還有太多的因素，包括地點選擇、市場需求、目標對象、利潤分析與成本管銷等等，都關係到實際可以放入口袋的收入，當時真的不想輕易放棄，繼續早出晚歸的開店生活，當時每天都累到倒頭就睡，就這樣到了第六個月，兒子因為腸胃炎住院一星期，我們不得已跟著店休一星期在醫院照顧他，那幾天不斷思考這是我想要的嗎？步調停下來後才真的體會到身體累了，需要休息一下，雖心裡還是放不下店裡的事。

真正開啟我的行銷本能

在兒子要出院時，他突然問我：「爸爸，我們還要回去開店嗎？」

我回答：「對啊！要開店才可以賺錢錢啊！」

這時兒子回我：「我們可以像以前一樣，有時候放假就出去玩嗎？」

這句話紮紮實實在我頭上投了一個晴天霹靂的震憾彈，幫我猶豫不決的重擔畫上了一個句號。原來這段時間我因為工作開店完全忘了「陪伴」這件事，忘了他原來是這麼渴望我們帶著他出去玩的那種天倫之樂，回想我小時候，不也是常常這樣妄想著、期待著這種家的感覺嗎？結果現在的我竟然差點用忙碌消耗掉他的童年、錯過對他的陪伴，成長只有一次，雖然很掙扎卻不得不做個抉擇，後來跟老婆商量，決定以小朋友的成長為主，繼泡沫紅茶後再次創業失敗，結束半年的創業夢，回到職場。這個過程我領悟到了一件事：有時有些事不去試還真的不知道自己有幾兩重，但不去試就會一直後悔自己為什麼不去試，現在至少我試過了，也從中學習到創業的辛酸與困難，我告訴自己「這不算失敗，只是還沒成功！」

這位很阿莎力的老闆大我兩歲，他顯然非常了解且看重我，才願意用三十萬讓我體驗開店的艱難、認清社會現實。剛回到公司時，正好老闆希望提升主管的本職學能，聘請了一位行銷顧問來做主管內訓。這位顧問是個不折不扣的女漢子，吃檳榔、罵髒話什麼都來，但她確實有兩把刷子，她本身在業界算小有名氣，一週只來一個下午，一個月就要二十幾萬的顧問費，絕對有她的本事，所以我**很用心學習**，也因此真正開啟了我的行銷潛能。

當時這位顧問先要我們每個星期完成一份作業，從自己的部門去做數據分析，譬如每個會員的消費方式及消費心理、會員對公司服務的滿意度等做成「目標管理計劃」，這個作業對於完全沒概念的我來說真的是比寫論文還艱難，但這真的是非常難得的自我成長的機會，它也讓我學習到在未來對自己的目標有了明確的時間規劃與完成的步驟。在這個作業裡各個部門要呈現的報表不一樣，而我負責的訓練單位要做的就是去發現會員最缺乏的能力，比如說銷售、授課、增員，或者對公司產品的了解，然後安排訓練課程，會員都很願意賣產品或增員，可是卻缺乏自信，經常懷疑自己的能力，所以我們部門安排了一系列的「潛能激發訓練」。而我雖然是工作人員，但是也一起參與當學員，去體會學員到底會學到什麼、有什麼成長，那真的是一連串畢生難忘的體驗！

我的潛能究竟在哪裡？

訓練課程的第一天，在踏進教室的第一件事情就是把臉用油彩畫得完全看不出你是誰，如此一來所有人不分高低階、沒有誰比較厲害，全部歸零。也就是你要先讓自己不在乎別人的眼光，不要那麼愛面子，沒有位階之分。接著每個人必須用爬的進去，學習放低身段。然後第一堂課正式開始：你全身上下所擁有的僅剩下一張紙、一顆石頭或一枝筆，一定要想盡辦法用盡全力把這個看似不值錢的東西賣出去，才有收入才可能養活家人。**所謂潛能激發，就是逼你去思考、實行，並因為對自己有目標及期許而挖掘出每個人潛在的巨大能量**。

雖然這只是一個模擬訓練，但它就是在激發我們要怎麼樣把一個不起眼的東西變成有價值的產品並且把它賣出去，每個人用盡洪荒之力想把這個東西賣出去的能量完全大爆發，完全呈現出前所未具的能量，讓我學習到沒有**賣不掉的產品，只有不會賣、不敢賣的人**。更從中領悟到一個重點：原來把自己的退路斬斷，只能前進沒有退路時你會怎樣？我告訴自己，必須要讓自己在工作上得到最高的成就，就是**告訴自己沒有退路，只有前進**。可能有些人會想還有爸爸媽媽養，就算沒有這個工作，再找就好了……可是我覺得自己沒有人脈背景、學經歷不足，再找也不一定會更好，期望家人養更是天方夜譚，所以想出人頭地達成目標，就要不顧一切往前衝，告訴自己累了可以休息，但不能停滯。

再活一次，你想做什麼？

第二堂訓練是要大家躺在地上，假裝自己有一天突然死掉了，旁邊會有幾個人演你的家人，他們哭著說：「你為什麼這麼早離開？你不是要帶我們出國嗎？你還有很多事沒完成啊！我們還有很多事要一起做！」可是扮演死人的人只能躺著什麼都不能說。

這些話聽在耳裡的在那一刻我頓時感到，原來人死掉之後，你的家人有這麼多話想跟你講，還有這麼多未完成的夢想想跟你一起完成，你卻只能在心裡流淚，不能有任何的反應。然後一個個「死人」被抬到角落，燈光昏暗，沒有音樂，整個教室鴉雀無聲，大家躺在那裡一片，靜靜想著自己未完成的夢想與不捨離開的家人。接著燈光大亮，宣布死人可以復活，問大家現在給你重新活一次你會想做什麼事？

我第一件事就是打電話給我老婆，跟她說我愛她，然後要老婆把電話給兒子聽，兒子在那頭直嚷著「爸爸」，我在這頭一直哭。幸好我還沒死，因為光在那十分鐘的死亡過程，我可以深深體會到，不可以再虛度光陰浪費生命，如果哪一天忽然走了，還有太多事情來不及做，家人對我的愛與不捨也沒辦法回應了，那是多令人遺憾的事啊！所以我現在更堅定不願與命運妥協。

勇往直前的幸福感

第三堂訓練是每個人要站在一長排桌子從頭走到尾，並設法左右手各抱住一個枕頭，桌下的人會去拉你的腳、扯你的手、搶你的枕頭。這枕頭代表兩個意義：夢想與家人，要從頭走到尾不讓手中的枕頭被搶走才算成功。在當下那幾分鐘，闖關者全身的腎上腺素噴發，雖然只是抱一個枕頭，可是主持人賦予這個枕頭象徵意義，所以每個人都死命護著自己的夢想與最親愛的家人，用盡全力夾緊不放手，即使被抓出血痕、瘀青都不放。旁邊的阻擋者就一直要把闖關者絆倒、把枕頭給扯掉，挑戰者傾全力對抗，把他們甩開，握緊枕頭，誓死不讓夢想與家人被搶走，走到最後終於得分的人都開心地拍手，臉上浮現一股無比的成就感：我成功了，**成功的路上不怕萬人阻擋，只怕自己投降**。

這堂課讓我體會到：在這個社會上，要完成你的目標，會被很多人扯後腿，如果你跌倒了，必須爬起來從頭來過；如果你很容易放棄，那表示你根本就不夠看重目標、夢想和對家人的愛。

還有些課程必須完全不顧面子，在一百多人面前，大聲嘶吼「我是誰」，或把心裡覺得最黑暗的一面講出來。有的學員講到被家暴，被男朋友或老公騙錢……等等不堪的過往，可是講完之後，得到所有人的擁抱、鼓勵，讓他覺得不是孤獨一個人，有很多人陪著他，當下得到了團體的愛。因為經由引導把最黑暗面翻出來，和所有人分享自己的心路歷程，會覺得很放鬆，不必再和同伴隱瞞什麼，而當他們得到獎金、升上新的位階，在台上接受榮耀與表揚時，所有人都喜悅地替他們流淚，為了夢想、為了家人，一切辛苦都值得了。

其實，這種課程原本是我最大的障礙，因為我根本不敢在別人面前表現自我、大聲講話，但我都一一親身參與了，因為我想體會到底這些訓練帶給會員什麼樣的收穫？以後再規劃這類的課程，哪些部分可以加強或調整？當我看到這麼多人因此**得到力量**、**產生蛻變**，我發現幫助別人活得更美好讓我充滿幸福感，也因此更深刻地認識自己，這種感覺真好。

原來改變個性，世界也會跟著改變。

學習、提升、往上爬

跟內心對話、傾聽對方的意見，拉高視野去看問題，這三個元素是我做任何事情所秉持的中心。

我憑什麼不相信自己

當主管是一個非常大的挑戰，公司其他部門主管有空缺時，老闆都會第一個問我，記得那時老闆問我要不要接營業單位的主管，我雖然答應了，但才一個禮拜全臉就長滿痘痘，因為公司是由營業這個主要的部門帶頭，當時我覺得壓力很大，心理影響身體，壓力大到完全顯現在臉上。於是決定跟老闆討論，老闆只講了一句話：「照你的想法去做就好了。」就這麼一句話，像魔法棒一般在我身上產生了神奇的力量，在三、五天內我所有的痘痘都消失了。原來上司對下屬的信任，可以產生這麼大的能量！

初來這個部門，我的心態是自己經驗不夠，只是位階掛在員工之上，他們都比我更了解市場及客戶需求，所以實際上是**他們在幫我**，**而不是我在管他們**。我在跟大家開會的時候，都會以站在同一陣線的角度說：「下個月、下一季我們的目標跟主軸是什麼？我們一起來想看看怎麼做。」我也會跟員工去做陌生開發，跟一些很「高拐」的會員開會，有些會員有點績效，姿態比較高一點，有時提出一些超出員工權責或公司原則外的要求，我會跟他們談籌碼，員工們也因此學到如何說服經銷及溝通。我用一種**學習的角度**，讓下屬不會覺得我只是發號施令的主管，這也是前面提到的協調能力的重要。

每一個角色都是從零開始，就如同人都是當了父母才學著如何做父母，既然老闆都相信我了，**我憑什麼不相信自己**，**公司是他的**，**他都敢把工作交給我了**，**我憑什麼不敢接？困難的任務迎面而來時**，**我的第一個念頭不是放棄**，**而是給自己時間先思考**。第一，這件事情是不是非得由我自己一個人去完成？如果有人可以協助我，或是必須和別人一起完成，成果是不是比我自己一個人去做要好？即使我可以自己完成，旁人會不會反而覺得我在邀功，在突顯自己？

第二，全靠自己做出來的成果，不一定迎合大眾的需求，所以我必須採用第三者的角度去看待這個問題，不要因為愛面子而不去找外援，那只會浪費時間，而且做出來的東西不見得是對的，再怎麼辛苦都沒用。譬如說做出一桌非常好吃的全牛大餐，可是客人全部都是吃素的，那這個全牛大餐做得再好吃也沒有人要買單，這就是了解市場需求的重要性。

從員工到主管，我都非常專注於工作，不想浪費時間。像有些人主持會議，三個小時有兩個小時都是在聊天、吃下午茶，也就是「會而不議、議而不決」。我的做法是**強調重點，聽完重點之後條列式把時間、對象、重點事項整理出來**：第一，誰在什麼時候完成哪些事情，第二，誰在什麼時候提出哪個案子，第三，我會在什麼時候讓大家知道有什麼資源可以用。好，會議結束。

往高處走，視野才會寬廣

除了管理與做事的心態，我還學習到其實行銷不是花一百要賺兩百的概念，而是要讓**客戶有一種價值的認同**，就是對品牌的向心力，就像很多人買iPhone，然後真正用到的功能可能不到百分之十，可是因為醉心於蘋果這個品牌，消費者願意花幾萬元排隊搶購。當品牌做出價值，往後回饋的可能是倍數的。

行銷跟營業為了做品牌，似乎一直在花錢，而一向以數字衡量的會計單位常常很反對。不同部門的主管考量的問題和角度都不一樣，所以老闆真的很難為，而我有機會在不同的部門任職，比較能夠了解問題所在，體會各部門的難處，並理解每個單位主管所表達的觀點，這些在不同部門累積的經驗，也就是在堆疊自己往更高層爬的墊腳石。

跟內心對話，傾聽對方的意見，拉高視野去看問題，這三個元素是我做任何事情所秉持的中心，也的確是讓工作出錯率較低、被接受率較高的原因。

當然，我也曾被眼紅的人嫉妒，挑我毛病說我壞話。因為競爭者也想往上爬，他就想把你踩下去，你必須想辦法證明自己做得好才不會變成他的腳踏墊！這應該是大部分的人都會遇到的事。記得那時有人甚至當眾挑釁我，但我都懶得回應解釋，只覺得他會罵我、弄我，就表示他的世界不能沒有我，沒有我這個人可以讓他罵，他的生活就沒有意義了，笑笑地告訴自己這就是我存在的價值。

這不是搞笑幽默，**如果人家批評我，而且他講得很有道理，給我當頭棒喝，他就是我的貴人，我反而會思考他是要讓我反省，原來我哪裡沒做好**。如果他純粹亂造謠想打擊我，或他的意見根本是錯的，那麼這就是他的業障，我為什麼要把別人的業障放在心裡折磨自己？相信你的人，根本不用去解釋；不相信你的人，你說破嘴也沒用。是你的朋友就會相信你，知道那些都是流言蜚語，不相信你反而來質問、討厭你的人，也不用當朋友了。

剛開始我也會生氣，忍不住去質問當事人。慢慢往上爬的時候，格局視野慢慢變大，我發現，要做的工作太多了，哪還有時間在那邊小家子氣地爭執一些無聊瑣事、浪費唇舌？**學習去提升自己的氣度與心胸，不必和這些人碎嘴浪費時間，生命就該浪費在對自己有意義的事上不是嗎？**

·李歐夢想語錄·

沒有工作是不辛苦的，成功的人都熱愛他的工作。

第2部

放棄是失敗的開始

生命的重點

我並沒有因此被打倒，只是在心中把第三個目標改成：必須抗癌成功。

抓緊目標前進

第一家公司，我從最基層的職員開始做起，修馬桶、修水電，當課長、副理、經理，後來去接營業單位，在營業單位有機會參與公司的一些活動，帶會員去不同的國家旅行。每次到一個國家，我都在想：如果可以帶家人看這個山、吃這個冰淇淋、玩那個海盜船……那該有多好！由於是帶著會員們出國旅遊，工作同仁都會設計一些小驚喜，譬如買蛋糕和禮物幫他們過生日、結婚紀念日等等驚喜，在動腦筋設計的過程中，更讓我不禁想像著：如果這些心力是花在自己家人的身上，他們不知會有多麼開心、多麼感動！所以，當我後來有些積蓄和假期時，就會帶著小孩老婆去幾個較近的國家旅行，全家人都非常喜歡到各地遊玩，我默默地計畫，滿心期待未來要帶著家人去更遠的國家，環遊世界，慢慢去累積我們共同的記憶。

在我四十歲前後因為爸爸和哥哥相繼過世。我的父親，他在我三十九歲時罹患大腸癌，一年多後轉移到肝，無法再治療，有一天，我帶他去吃他最喜愛的日本料理，他看著滿桌豐盛的菜色，若有所思地說了一句話：「你阿母在就好了！」我紅著眼眶看著面前這個削瘦身影的他，心裡想著：這個男人，跟我愛著同一個女人、跟我想著同一個女人、跟我親過同一個女人、跟我抱過同一個女人，但這個女人已離我們而去，當天，他說要去找她，我不准，因為我會吃醋……半年後，他贏了！那年，我四十二歲。當時身體狀況和情緒都很低潮，我決定辭職讓自己休息一段時間，暫時賦閒的我開始更熱中運動，長期以來斷斷續續地運動，不專業也不密集。運動是因為旅行需要體力，更何況我要帶全家上路；老實說，另一個動機是因為愛漂亮、穿衣服比較挺，在客戶面前也會更有自信及說服力，而且運動還可以讓心情愉悅，不會一直想著哥哥及爸爸過世的傷心事。在健身房的朋友建議我去應徵當教練，可以運動又不用花錢，這個事件開啟我接觸這個領域的起頭。

會去健身房有三大類型的人，第一、減重，第二、健身練肌肉，第三、復健。新的客人進來之後你必須評估他真正的需求，如果他很胖，卻想練大肌肉，那麼必須先幫助他減脂。減重跟健身是可以同時並行，可是要依照比例，比如說七十減脂、三十增肌，再配合飲食……種種概念必須跟著教練學習、鍛鍊，才不會受傷或沒有效果。健身教練也要考證照，並非人人可當，因此我對身體、營養與訓練有更深入，但還不夠專業的了解。剛開始我只是打電話請會員來買課程的初級實習教練，還沒成為真的健身教練，而這個行業業積壓力高，短時間內還未進入軌道，不久有一家行銷公司看中我的資歷，鼓勵我跟他們合作，為了轉移心裡的傷痛，於是又回到行銷的老本行，以工作來轉換心情，也結束了還沒開始的健身房初體驗。

這幾年來我發現自己好像有點忘了初衷、忘了夢想，人生的路上有點停滯，心中告訴自己不可以再浪費生命，一定要給自己有新動力再次燃燒熱情，依公司的行政職來講，可以領到最高薪水的職務是總經理或執行長，因此在完成買房子的第一目標後，這就是我的第二個目標！我告訴自己，一定要在這個領域裡當上總經理，只有當上總經理才能領到最高的薪水，領到最多的薪水，才能讓家人過更好的生活，也才有更多時間來陪伴家人。在新的公司，終於如願當上了執行長。雖然只是一般中小企業，不是那種「怪獸級」的大企業，我的薪水也不是多高，但當然與剛出社會不可同日而語，至少我也成就了另一個目標。

放棄就是失敗的開始

這段過程我也會遇到挫折與壓力，踢到鐵板、被潑冷水根本是家常便飯，我畢竟是個平凡人，當然也會不斷產生自我懷疑，只是都一一克服了。**因為目標很明確，絕不會因為人家說我不夠資格就放棄，而且有堅定的信念支撐著我**。我努力往上爬，盡我所能把工作做到最好、領到更多的薪水、給家人更美好的生活，所以不管別人怎麼看低嘲笑，我就是很努力繼續做，直到當上了執行長，讓所有不看好我的人跌破眼鏡。有些人很沮喪地提到想放棄夢想與目標，一句「就不想繼續前進了」簡單地帶過。當我問他們，為什麼不做了呢？遇到了什麼困難？是你的夢想跟目標設定得太過遙不可及或太過浮誇？往往我只會聽到一堆「藉口」。事實上，**目標跟夢想是不會跑掉的，跑掉的是你自己**。比如你要買房子，買房子這件事情不會跑掉，可是後來你為什麼沒有買？因為你跑掉了。你為什麼跑掉？說到底，往往原因就**只是「懶」「放棄」「沒有信念」**。放棄才是失敗的開始，如果你連嘗試的勇氣都沒有，那你的人生就是這樣子了！

還有些人是沒辦法接受挫折，就像業務員常要陌生拜訪，為了業績打電話給陌生客戶，結果聽到電話鈴響三聲就趕快掛掉，然後自我安慰：幸好沒接，萬一對方立刻接起來卻被潑冷水，又懷疑自己是否根本不適合這行。**耗了一天只為了做給老闆看，好像很努力，其實完全沒有意義！不敢面對挫折就是信念不夠強烈，逃避與懶讓你放棄夢想**。

如果你不願逃避也不懶惰，那請先想想：你的目標是什麼，你想要三年、五年以後成為什麼樣子的人？如果要成為你想成為的那個人，但現在做的事情跟你想成為的人毫不相干，那未來怎麼可能變成你想成為的那個你？如果你的方向不對，再努力都沒用，譬如說你在台北要去墾丁，然後你一直往北走，就算你開直升機也不會到啊！可是如果你往南，方向對了，就算用走的也總有一天會走到。**除了目標要明確、信念要強烈外，最重要的就是「勇氣」**。

第三個目標：抗癌成功

當我完成人生第二個目標，接著第三個目標就出現了：帶著家人去環遊世界。不一定要一次玩完，可以分幾次。規劃好行程後，最重要的就是金錢、時間與健康，金錢我已準備妥當，時間也可以調配，接著就是要努力運動，讓身體處於良好狀態才有體力帶著家人趴趴走。**有了時間有了錢，沒有健康的話，不要說環遊了，你只能夢遊**。因為之前接觸過健身房，所以運動很容易上手，大概運動了半年，就小有一點成績了。我想等到兒子大學畢業之後，時間比較好調配，我們就可以安排每半年到哪幾個國家去寫下共同的回憶。轉眼兒子已高二了，正當我信心滿滿、歡欣鼓舞地朝第三個目標邁進時，因為一些症狀去看醫生，體檢報告出來——「我已是鼻咽癌末期。」

但我並沒有因此被打倒，只是在心中把第三個目標改成我必須「抗癌成功」。很難預測意外和明天哪個先到，所以要珍惜睜開眼睛的每一天，各位要知道你隨意浪費掉的每一天每一分每一秒，對現在的我來說是無比的珍貴！**如果真的不能延伸生命的長度，但我至少可以拓展生命的寬度，**如果醫生說我只能再活兩年，但是我在這段時間可以幫助更多人，讓他們未來的人生變得更美好，那就大大地拓寬了我生命的寬度、增加生命的重量。不要小看自己，要讓自己的存在變得非常有價值！**生命的重點不在長短，而在精不精采。**

接下來呢？

只要老天爺還沒有判我死刑，我就會用盡全力跟祂上訴到底、永不放棄。

特別的生日禮物

造化弄人，計畫永遠跟不上變化。我得了癌症。

我們的身體都有癌細胞，自由基會攻擊正常細胞，就變成壞細胞，只要你讓身體形成壞細胞喜歡的環境，那生病就是自然的了。我們會覺得很奇怪的是，現在的科技日漸發達，醫療水準比以前進步，為什麼得癌症的人卻越來越多，死亡率也越來越高？除了因為外在環境、飲食、生活習慣等問題，還有一個非常特別的因素：情緒與壓力。明明醫療技術更進步了，可是飲食的毒素增加、人們的情緒很緊繃、整天壓力大到喘不過氣，這會讓身體形成癌細胞喜歡的環境，自然就容易生病，所以得癌症的人越來越多，死亡時鐘彷彿越走越快，原來壓力與情緒的管控竟然也關係到身體的健康，我在拚事業的過程中就是忽略了健康的重要性，才讓身體處於一種高危險的環境。

發現罹癌與治療的整個過程很辛苦，真的是試煉意志力的極限，所幸我撐住了。在三年前生日的前一個月，我發現左耳悶悶的，甚至側身時好像裡面有水在晃，醫生說是中耳炎就把我的耳膜切開，抽出積水。我以為沒事了，後來帶家人去南部玩的時候，發現走路會暈眩，左腳會踢到右腳，再去大醫院檢查，醫院跑了兩次，內視鏡檢查了好幾次，才在第四次終於看到一點點突出息肉，要切片檢查。因為媽媽是鼻咽癌，遺傳機率較高，回家後上網查資料，確實也符合症狀。那時候我心裡默默地有了種預感：可能跟媽媽得了一樣的病。

到八月，恰好是我生日那一天，報告出來了——鼻咽癌，四期C。大家都知道癌症有分期數，事實上這個癌又可細分四期A、四期B、四期

C，四期A的兩年存活率還有百分之五十，四期B是百分之三十，四期C兩年存活率不到百分之十。前面已提過，小時候的環境造就我冷靜的個性特質，在本應快樂慶祝生日的當天看到這份報告，我沒痛哭流涕或慌張失措，只很冷靜地問醫生一句話：「接下來呢？」

其實我很想說：根據幾萬年來的統計數據發現——「人類的死亡率是百分之百！」

你認命嗎？我不認命！

「認命」意味著你只能被動地任命運擺佈、安排你的人生，它是一種很負面且不負責任的想法，它是一種不想承認自己前面一連串錯誤的選擇而只想逃避的想法，「認命」讓你連想反抗的力氣都不想花，「認命」讓你連如何解決的辦法都懶得去想。我們應該掌控命運，而不是被命運掌控，雖然生病這件事不是我想要的，但它還是來了，生命中所有發生的事都是注定要來的，我不認命，但我選擇接受。「接受」就是面對，面對所發生的一切，「接受」就是承擔，承擔可能發生的一切，只要告訴自己真心的接受後，接下來的事就交給「勇氣」了。

不要自己嚇自己

很多人一點點不舒服就緊張地找醫生問東問西，嚇得問很多細節，怎樣醫治？若治療效果不好會怎麼樣？為什麼會是自己得到？……醫生都會很有耐心地解釋一大堆聽得懂和聽不懂的東西，但很多人就是會一直打破砂鍋問到底最糟會怎麼樣？然後呢？然後呢？醫生沒辦法跟你肯定地說百分之百會好，其實他們沒說的是：「然後就死掉了！」開個小玩笑，我的意思是三分之一的人是被醫生嚇死的，**三分之一的人是被自己嚇死的**。所以我不想問那麼多，只問了一句：「接下來呢？」醫生說接下來就開始做放射線同時加住院化學治療，陸續做了半年之後，繼續做第二階段的化療，再做半年，每個禮拜都要打化療藥。護理師也拿一本衛教手冊給我看，上面寫著要怎樣改變生活、飲食、作息，做哪些準備，如何配合治療等注意事項。

我乖乖遵照醫囑，結果癌細胞還是很快地轉移到脊椎，再做脊椎放射線治療。三個月後再檢查，又轉移到肝——煩不煩？煩啊！但我只問了醫生一句話：「接下來呢？」醫生說繼續住院化療，治療完半年後，肝腫瘤又長大了好幾倍，因為化療藥壓不住。我心想：到底醫生是給腫瘤打營養針還是化療藥啊？

這個時候可能很多人已經放棄了，我當下小小地沮喪了一下，覺得怎麼都沒有好消息？但很快就回神振作了，我趕快去看一些抗癌成功的案例給自己更大的信心，我稱這個行為叫：**自我修復系統**。**當情緒遇到沮喪無助時，就啟動這個系統，讓自己的情緒快速恢復正常**，通常在一、兩天之內，這樣的感覺很快就轉換回來，心想現在要做的是：第一、先想辦法讓它不要再擴散，第二、想辦法讓它不要再長大。

我看了成功案例蔡合城先生的抗癌過程，五十七歲罹患罕見多發性骨髓瘤末期，在骨髓移植手術、化療、漫長艱辛的療程中，配合每天運動爬山，竟從全身骨頭百分之八十八癌細胞降到癌指數零！現在還很健康地到處分享。我才四十幾歲，機會一定更高。所以每次檢查完看結果，我都只問醫生一句話：「接下來呢？」他可能想了很多要安慰我的話，我卻都沒給他機會講，所以醫生就只能回答：「接下來繼續治療。」於是我繼續配合持續做放射線加化學治療。簡單講就是持續把毒藥打到身體裡，生病三年多以來我全身的器官形同泡在毒藥裡，這樣的情況要讓自己每天保持體力、運動或正常飲食真的很不容易，但我就是**不想讓自己像病人**，這股意志力讓自己外表完全看不出來已經是癌末，而且還持續在治療共三年多了。

很多人沒有生病、沒有化療，卻因為心理生病，總是讓情緒一直很負面或愛抱怨，反而讓自己看起來比病人還像病人，這就是現在社會常出現的畫面，也是我希望出來幫助更多人的原因。

正面心態，不要懼怕

去年（二〇一六）十一月再檢查，癌細胞又轉移到淋巴，繼續治療後在今年（二〇一七）的四月再檢查，竟然又轉移到肺部而且淋巴腫瘤又更大了，醫生知道我很樂觀，開玩笑地說這下子存活率連百分之一都不到了，我笑了笑還是很冷靜地批了價、拿了藥、回家，反正不管它跑哪，我就追到哪。聽聞此「消息」（多半人應該覺得是噩耗），可能就完全放棄了。我告訴自己：「打從來到這個世界上，就不打算活著回去！」

很多人都覺得人生是不公平的，沒錯，人生本來就是不公平的。新聞上很多令人髮指的社會案件，犯人常會因為法官的一句話：「有教化的可能」而不被判重刑，我這二十多年來為了家人努力工作賺錢，想讓家人過更好的生活，沒有害過任何人，我憑什麼要被判死刑？這公平嗎？不公平！若**你的人生什麼事都要以公平來衡量度日，那你會過得很辛苦**。醫生雖然研判繼續治療下去的存活率剩不到百分之一，我告訴自己：只要這一場生命的官司還沒三審定讞，只要老天爺還沒有判我死刑，我就會用盡全力跟祂上訴到底、永不放棄。

其實只要心態正面，根本就不用懼怕。百分之一只是數據，它不代表我，也不等於我，不只是抗癌，做任何事情都要秉持這股永不放棄的決心，才能一步步邁向夢想，成功達陣。

哪怕只剩下百分之一的可能——**相信才會看見、堅持才會實現，永不放棄、創造奇蹟**。

43歲生日當天，被醫生告知罹患鼻咽癌末期，面對兩年內存活率不到百分之十的噩耗，李歐只說了一句「接下來呢？」他的冷靜思考與強大意志力，封殺了存活率百分之十的預言⋯⋯

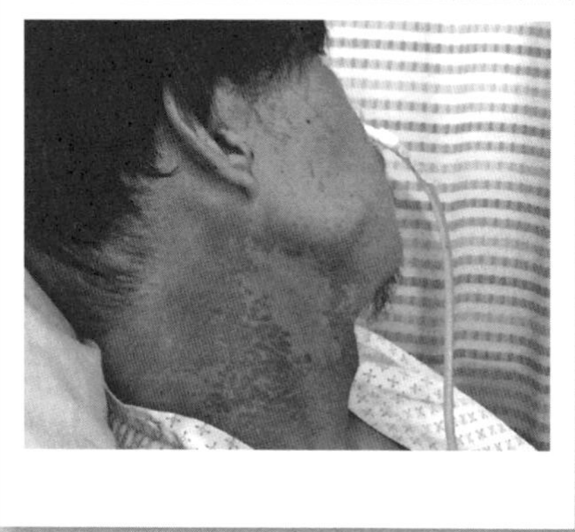

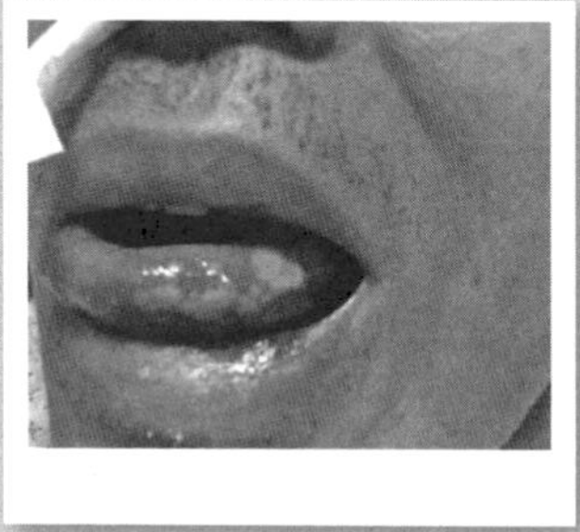

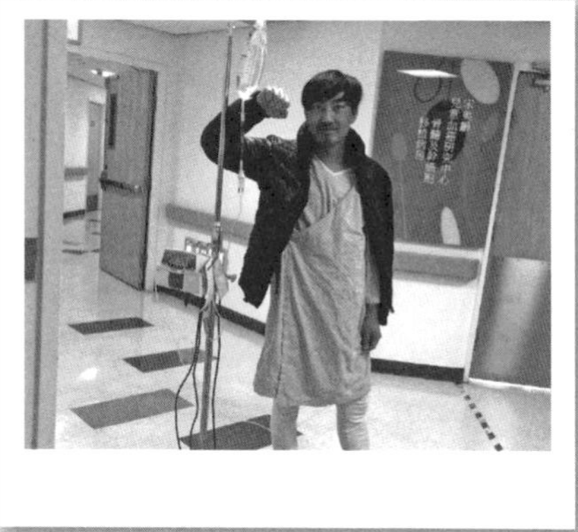

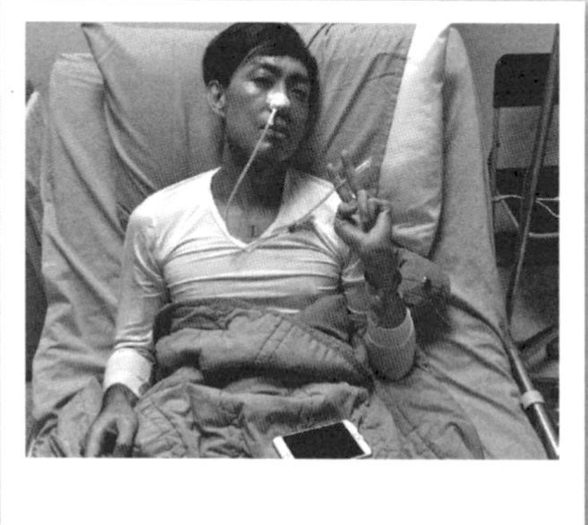

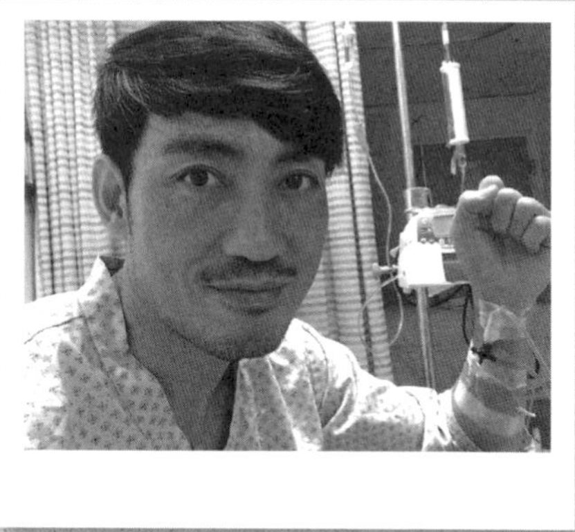

連腫瘤都被我的信念擊退

不要一直沉浸在「我到底還可以活多久？」的念頭，因為你這樣想，癌細胞也不會死掉。

我不是來討拍

人都想活得老，但也要活得好，所以我堅持要健康地活著，而不是讓自己成為活著的死人，若活到八十歲，最後的生命卻有三十年是躺在病床上折磨自己也折磨家人，只為了「還在呼吸」，這樣的人生真的不如見好就收。治療過程中，曾經靜下心來看了看鏡子裡的自己，心想：我怎麼把自己搞成這個樣子？我不應該繼續這樣下去！所以在這半年我很努力地運動、努力地補充營養、努力地讓自己不要像病人、每天找自己會開心的事做、堅持樂觀地正面迎戰。二〇一七年七月再一次檢查，結果發生了非常神奇、不可置信的事情：鼻腔、脊椎、肝的腫瘤全部不見了，只剩下淋巴還有。而且淋巴的腫瘤沒有再長大，感覺有了點曙光，只要還有百分之一的可能機會，我都不會放過，更何況已有了很大的進展，我會繼續努力下去，不擊退、絕不後退。

這整個過程很艱辛，每天都在考驗自我的意志力，彷彿面對一個打不死的敵人，雖然難以忍受，但我絲毫沒有想放棄的念頭。如果讀這本書的朋友你現在正遇到了一些讓你感到挫敗、沮喪甚至想放棄一切的事，請你想一想。如果那些事沒有比我遇到的這個關卡還困難，我都沒放棄了，那麼，**你還有什麼理由放棄呢**？提到生病的事，不是我要來討拍，不是要強調我多可憐、治療的副作用有多痛苦。我要跟大家講的是：健康很重要，生病很辛苦。

舉例來說，做放射線治療會掉頭髮、口腔脖子潰爛、聽力喪失，我現在左耳因為放射線的關係已經聽不到了。朋友問說左耳聾了怎麼辦？但我告訴自己要學著轉念，很多人都只在乎自己失去的，而不是去想自己還擁有的——我左耳聾了又如何？右耳還聽得到啊！口足畫家謝坤山老師，他的雙手和一隻腳都因遭電擊而截肢，一般人會覺得這樣怎麼活下去？他卻很樂觀地笑說：「我還有一隻腳啊！」就靠著那隻腳跟嘴巴，謝老師畫出許多比我們好手好腳畫得還美麗的作品，畫作不但充滿了生命力，也呈現出生命最美的風景。我常說：**人生只有生與死是大事，其他都是小事**。

我們實在沒有悲觀的權利，不要自我限制，怨天尤人。大家的身邊可能都有這種很愛抱怨、很負面的人，不斷在無病呻吟、覺得自己很可憐，全世界都對不起他，你是不是避之唯恐不及但又怕傷害對方？我就沒有這個問題，因為當我跟這種朋友走在一起的時候，就故意讓他走在我的左邊，這樣就聽不到他的抱怨，不會吸收到他的負能量了，也就不會被他影響情緒而養大了我的癌細胞，不是嗎？

暴瘦十公斤，天天被副作用襲擊

治療的副作用讓記憶力減退，疲勞、倦怠、暈眩、嘔吐各種毛病都爆發。曾有一次最嚴重是嘴巴裡的黏膜破好幾個洞，痛得沒辦法吃東西，連補充營養飲品都無法喝，一個禮拜暴瘦將近十公斤，後來趕緊送醫院急診，一到醫院我就昏倒了，醫生馬上安排住院並因為營養不良需插上鼻胃管灌食補充營養，但因鼻腔發炎腫脹變得窄小，護理師插到我鼻子都流血了還是沒弄好，只好找主治醫生來。當醫生準備要插鼻胃管時，我抓著醫生的腿開玩笑說：「你要加油喔！如果我不痛，你的腿就不會痛，如果我會痛，你的腿就會很痛！」就算當下剛昏迷醒來，狀況再虛弱再慘，我仍忍不住搞笑，後來醫生果然一次成功，第一次體會到插鼻胃管，其實沒什麼感覺，而且真的很方便。

住院期間，每天都灌食費用很高的高熱量營養品，八天後總算體重增加三、四公斤，狀況趨於穩定。辦理出院時醫生說大概要插著「象鼻子」一個半月，剛開始覺得很方便，不用每餐都很辛苦的吞食，但其實我不想讓自己看起來像病人，所以出門都會戴口罩再用外套完全遮住鼻胃管。一個月後，我自己決定把鼻胃管拔掉，讓自己盡快像平常一樣進食，不要依賴它，才不會一直像病人，一開始只能喝流質，慢慢進步到吃蒸蛋、稀飯等，或將食物咬爛配水吞下，以免吞嚥功能會退化，每吃一餐都像打仗，真的是用盡洪荒之力撐過來。

其他的副作用像耳鳴，耳朵有時候會流水，有時候會流血，因為一直持續在發炎。還有除了吞嚥困難，更慘的是失去了味覺，吃東西沒有味道，就如同成語形容食之無味叫「味如嚼蠟」，我在初期那段時間吃東西就像在吃蠟燭，不管食物再怎麼重口味，還是嚐不出一點點味道，就像要把蠟燭吞下肚那種感覺；而且因為放射線治療的關係牙關會很緊，嘴巴張不太開，唾液腺受損無法分泌口水，嘴巴很乾，所以吃飯時間會耗費很久……儘管如此，為了完成抗癌成功的目標，還是強迫自己吃下各類食物，東西再怎麼難吃、嘴巴再怎麼痛都要硬吞下去，因為**有足夠的營養**，**才有抵抗力去對付後面的所有治療**。原本想環遊世界的這個目標必須往後延，眼前的首要目標是必須抗癌成功！因為抗癌成功我才能陪家人更久的時間，才能環遊世界，**這就是意志力**，**這就是信念**。

生理的病可以用藥治療，大多數都會好，但心理的恐懼、孤單、無助只能用心理建設去對抗它。負面的心態像下雪、憂鬱的情緒像冰塊，它會冰封你的人、僵化你的心，只有熱情可以溶化它、蒸發它，不讓它凍結美好的生命。化療會造成心理嚴重的沮喪感，在藥劑最重的那一段時間，我明明躺在客廳沙發上，家人陪伴著，而且我們家在大馬路旁邊，車水馬龍並不安靜，但剛化療完回家那幾天，因為副作用，卻讓我覺得全世界頓時變灰色的，全世界只剩我一個人，孤零零、灰撲撲、靜悄悄……那種情境不是一般人能體會的。

太好了！今天又是健康的一天

為什麼很多病人治療到一半會選擇結束或放棄，因為那種沮喪感真的會讓人心生恐懼，不知所措。身體的狀況與副作用還可以忍受，可是化療造成的心理憂鬱，有時候會讓自己覺得很負面、很沮喪，很想放棄。我只能一直給自己打氣，告訴自己一定要撐過去才有機會成功，成功了才能陪家人更久的時間，就在充滿熱情的信念支撐下，它讓我蒸發掉那些負面心態、溶化掉那些憂鬱情緒，幾天之後眼睛再睜開，我的世界又變成彩色的，我繼續運動、繼續吃，繼續每天讓自己開開心心的，準備迎接下一次的治療。所以就算暈眩到分不清黑夜白天，我仍要恍神地爬起來洗澡、補充營養，**能動就動**，**用意念控制身體**，**全部靠自己去完成**。因為不想增加老婆和兒子的負擔，他們是我最大的心理支柱，因此我必須撐過去，才有機會陪家人更久的時間，然後環遊世界。

其實跟我開計程車、或在一份工作中所累積到的經驗一樣，如果不去面對、不去解決，那事情不但不會自己消失，而且還會更嚴重。**我選擇把身體某一部分交給醫生**，**可是絕大部分是交給我自己的心態**。所以每天都會讓自己開心一點，不會一直沉浸在「我到底還可以活多久？」的念頭中，因為你這樣想，癌細胞也不會死掉。

就像有些煩惱，你不去面對它、解決它、一味地躲避，它並不會因此而自己消失！反而會像癌細胞一樣不斷變大、不斷侵蝕你的人生。化療最密集的那段時間，每天醒來看看自己的身體狀況，會告訴自己：「喔，我還沒死！我還是原來的我，這世界也還是一樣啊！」看看新聞，每天都還是名嘴吵吵鬧鬧，外面還是塞車……一切都還是一樣，重點是我又多活了一天。**為了讓我明天還活著，今天必須做些事情，才能夠確保明天我還可以活著**，我會按一下醫生常常檢查的骨頭、淋巴結等部位，試著去深呼吸，然後伸展身體去感受有沒有哪裡不舒服。只要沒有，我就覺得：太好了，今天又是健康的一天，我還是活得好好的，看吧，我又贏了一天，又戰勝一天了。然後充滿動力往目標繼續努力：運動、吃藥、補充營養品甚至去演講，做完這些功課後又可以安心睡覺，期待活著的明天、後天、每一天。

這種信念夠不夠強烈？不管你的目標是什麼，賺錢、買車買房、旅行、考大學、當明星……都要在目標下面建構一個非常強烈的信念，否則你的目標很容易因為一些挫折或阻礙而崩潰瓦解，每一條通往夢想的路都很艱難，而「堅持」更是一條孤獨的道路，走著走著你忍不住會懷疑自己：這樣繼續下去是對的嗎？我常說**懷疑是個小偷，它會一點一點地偷走你的目標、偷走你的夢想，當夢想一寸一寸的被偷走、目標一塊一塊的在剝落，那你原來應該明亮燦爛的人生也因此慢慢地黯淡無光了。**

安慰、鼓勵也是有技巧的

當你想鼓勵人、安慰人的時候，應該盡量用正面語言，而不是充滿負面、悲情的、或彷彿恐嚇人的言詞。

說者無心，聽者灰心

在整個治療的過程一路走來，我感受到原來一句負面消極的話和一句正面樂觀的話，給人的感受竟有這麼大的不同。有些人可能無心，也是好意，因為他不知道自己的一句看似鼓勵的話會把別人打入谷底。記得有一次，一位婦人對我說：「哇，你好棒，你真的好厲害喔！像我老公也是癌症，他也努力運動、努力抗癌，吃了很多營養品，努力了三年後還是走掉了。」當下我真的不知要怎麼回應，只能笑笑地謝謝她想要鼓勵的那份心意，但我要說的是，這樣的鼓勵不是鼓勵，反而是打擊吧！那我到底還要不要繼續運動或補充營養呢？

當你想鼓勵人、安慰人的時候，應該盡量用正面語言、正面表述，而不是充滿負面、悲情的，或彷彿恐嚇人的言詞。應該站在被安慰的人的角度來鼓勵他。譬如說：「你可以加強哪些運動、多吃哪些東西會更好」，而不是「你不聽我的話一定會死」。當然你都是好意，但聽者的感受是天壤之別，如果你滿腦子是壞消息和負面案例，有時候還不如什麼都不說。因此，也盡量不要提到你的親人得病已離世這種訊息，而是要給病人一些成功的案例，點燃他們活下去的希望，這樣其實就夠了。生活上也是，很多人需要鼓勵或安慰，但**若你不懂得使用正面語言，那不如不要講**。

不要做醫療上的建議

除了不要講些白目刺耳的話語，更重要的是不要一直把自己當醫生。常常有人在網路google一下，就去告訴別人「應該」要停止化療，「應該」用哪種自然療法、宗教信仰、健康食品等方式抗癌……尤其絕對不要去建議患者用一些非常激烈或另類的療法，這方面我始終抱持比較保守跟保留的態度，每一個人的病況不一樣，你不是他的醫生，不是所有的人都可以用同一種方式治療好。

的確有患者因為做了某些行為、吃了某些東西而得到控制，不過他畢竟只是幾萬分之一的案例，中間有太多可能性的因素共同形成，絕不是單一行為而成功的，不能把幾萬分之一的案例套用在幾萬人身上；更嚴重的是，萬一對方因為聽你的建議，病情卻更加速惡化，這個責任你擔得起嗎？並非說那些方法都不好，而是不能因某些少數特例就把一種方法當成萬靈丹，然後把它套用在所有人身上，畢竟這是跟生命有關的事情。必須更審慎評估，當好意變成遺憾就很可惜了。

有些事，錯過，就是錯過了

我並沒有特別厲害、特別強大或跟別人不一樣，也沒有做出任何平凡人做不到的事情，我只是用很陽光而輕鬆的態度去面對。

沒事的，沒事的

我遇到過非常能激勵我的人。記得我剛知道自己生病，有一次在醫院準備安排檢查，一個三十歲左右的女生主動來跟我說她也是鼻咽癌，已完成治療，而且現在都好好的，要我放心，一定會沒事的。這樣一面之緣的陌生人的一句話卻帶給我很強大的力量，讓我充滿信心。我常想到這個畫面，這也是我後來決定要站出來演講、出書的主要原因。若有些人因為我的一句話、一個態度、一個觀念而變得對自己更有信心，因改變心態而讓自己變得更美好，那我這一路走來所承受的就值了。

反之，**當你有能力**、**有機會鼓勵別人時**，**千萬不要猶豫**。有一次我去醫院回診，一對夫妻在我面前已經看完報告離開診間後換我看診，他們這時又回過頭來坐在我後面椅子等著，可能還有些事想詢問醫生，那時我瞥了一眼看見先生在哭，太太也很難過地站在旁邊拍他肩膀。當時我很想和他們說：「不要難過，不會有事的。看看我，不是還好好的！」但當時醫生還在和我說話，等我門診完，想到診間門口等他們出來，等了很久沒等到，於是去批價櫃檯拿藥繼續等，結果還是沒等到……事後我有點後悔，當下跟他擦肩而過時為何不立刻說出口？或許那位先生就因此而收住眼淚，因為我的一句話而產生了信心，而不那麼沮喪，就跟當時我被那個三十歲左右的女生激勵到一樣。他或許因此有更好的治療效果，我因此而懊惱許久。

有些事情錯過就是錯過了，決定要做就立刻去做，不必等待什麼時機。就拿出版社邀我出書為例，我覺得自己還在治療，而且能說的故事好像也不多，想找個藉口推掉，等兩年後再說。但我想了想從小時候一路走過來的歷程，想到那回錯失安慰這對夫妻的事，想到以前好像可以對父母親做更多事，就覺得現在不做，以後會後悔為什麼當時不去試？不去做？

所以我決定出書，而且如果兩年後我還活得好好的，加上到處演講的心得，一定會有更多故事與心得可以分享，那就再出第二本啊！人生有多少時間可以等待？別猶豫，就去做吧！否則錯過就是錯過了！

來自馬來西亞的鼓勵

還有一位透過網路看到我故事的一位大哥，他從馬來西亞專程飛來台灣鼓勵我，我們只喝了一杯果汁，聊了三十分鐘，但卻讓我大受鼓舞與震撼。這位大哥在九年前罹癌，從胃一直到食道已全部切除，我問他沒有胃怎麼吃東西？他簡單地講了一下他吃東西的方式，我就忍不住想自己也太幸福了吧！原來他必須把腸子直接接到喉嚨當作食道，他沒有辦法像我們這樣正常吃東西，因為沒有胃可以消化分解，所以他在吃東西前必須把食物磨碎，再慢慢嚼爛，或者喝流質的食物。可是這九年來，他說自己活得很好，我觀察他的氣色真的很好，精神飽滿，笑容滿面，非常正面。他告訴我，都已經這樣子了，還是每天很努力、很開心地活著，他把手術傷口也秀給我看，我再次感動了，他不是勇士誰才是呢？

見面之後，我最大的震撼就是：原來世界上還有這樣生活方式的人，會有這樣驚人的手術。我很感動他竟然用這樣的「對比」讓我知道，他比我的狀況更嚴峻、他的生活比我更艱難，可是他卻過了九年還好好的，所以我一定更沒問題。往後，我跟聽眾或朋友分享的時候，也都用對比的方式讓大家去想想：如果我這樣子都能繼續樂觀面對，各位遇到的一點工作或感情上的挫折算什麼？

想一想，你們已經比我、比絕大多數人都幸運很多，不應該放棄目標，或每天為點小事就懷憂喪志甚至放棄自己。就像馬來西亞的這位大哥，他不是和我同病相憐一起悲觀地看待日後的挑戰，而是加強了我的信念，後來他也持續追蹤我的臉書，不斷留言鼓勵我，每一句話都帶著強烈的正能量激勵著我。雖然我們至今沒機會再約碰面，但我知道我們是用心彼此鼓勵的好兄弟。你身邊是否也有這樣正面樂觀的朋友跟你一起加油呢？

其實過程中很多想法是我在網路、新聞、書本或朋友身上聽到看到的，這許多故事裡面一定都會有觸動我的點，當我自己在遇到挫敗時，這些故事裡正面的能量就會跳出來。很多觀念不是我「發明」的，只是一則則故事累積在我的心裡面，在需要的時候它會出現，改變我、幫助我，鼓勵我轉念、轉變心態。

我很平凡，並沒有特別厲害、特別強大或跟別人不一樣，也沒有做出任何平凡人做不到的事情，我跟絕大部分的人都一樣，只是用很陽光而輕鬆的態度去面對生命中所發生的事，希望能影響同樣與癌共處的朋友以及情緒容易陷入憂鬱低潮的人，相信這一群人可能因為我的故事而轉變，**也因而可以再去去影響身邊更多的人**。這種能量的傳播是很驚人的，可以無遠弗屆，這樣的能量幫助了別人也更幫助了我自己，我很珍惜每次這樣的機會，以後，不會再錯過了。

我的人生，我的選擇

我是限量版，全世界幾十億人之中絕無僅有的唯一，
不要小看自己。

人生不要太嚴肅

因為我的故事有很多人分享，所以也有許多媒體來採訪。其中有一個媒體在臉書上叫做「我的人生，我的選擇」，他們主要傳播社會上一些正能量的故事，所以來找我，幫我拍了一段簡短的影片，這段影片至今包含粉絲專頁及新聞媒體的轉載，已經累積超過一千萬次點閱率。拍完這段影片，工作人員問我：「歐哥，那影片看完了覺得怎麼樣？」我說：「好像我本人比較帥。」大家都笑開懷。**人生不要太嚴肅，遇到任何事還是應該保持豁達開朗嘛！**

言歸正傳，我希望透過這段影片告訴大家：第一，誰沒有壓力？只有死人才沒有壓力。很多人一天到晚自怨自艾，覺得壓力好大好悲慘……其實，連小baby都有壓力，尿布濕了啊、肚子餓了啊，爸爸媽媽怎麼還不來幫我換尿布餵奶？讀書也有壓力，成績不好、跟不上學習進度、無法達到父母要求……**每個人都有壓力，活著就要承受壓力，能承受越大越多的壓力，離成功就越近，能夠解決越多的壓力就越容易成功**。就像比爾．蓋茲、賈伯斯、郭台銘那些大企業家，他們能站上人生的顛峰、世界的舞台，其間經歷的挫敗與磨難，承受的壓力絕對不是我們能想像的，他們一一克服也因此成就非凡。你可能會想，有些人成功是因為家裡給他一千萬、兩千萬創業，那麼請你捫心自問，如果有人提供一大筆錢讓你創業，你有沒有可能成為第二個比爾．蓋茲，第二個賈伯斯？如果不行，就不要酸葡萄，**好好思考什麼是你想要的，然後面對壓力，解決它，努力去達成你的夢想**。

第二，人生只有生與死是大事，其他都是小事。很多人遇到一點點小事就把它無限放大，像情侶為了晚餐吃什麼或週末要看哪一部電影也要吵架，一點點口角就把臉書感情狀態改成單身……那父母唸你兩句，要不要說自己是孤兒？再有一種人無病呻吟，常常PO一些讓人摸不著頭緒的文，例如：我沒事，我很好，不要擔心。偏偏不寫到底怎麼了，如果都沒人留言，就很鬱卒說自己沒朋友，都沒人關心。如果有人留言，你還好嗎？發生什麼事？他就又來那句話：我沒事，我很好，不要擔心。這不是鬼打牆嗎？**無病呻吟只是浪費生命**。

把癌末當重感冒

人生有很多煩擾說穿了都是小事，就算你現在碰到的事情，可能造成你很大的困境，沮喪到快窒息，但我必須很直白地說：不要把一點點問題或擔心的小事無限放大，當你把這些事情放在生死關頭前比較，它就變小了，當事情在心裡變小了，就變得很好解決了，不是嗎？

所以，當有人問我：「你怎麼看待你的癌症？」我都回答：「就當感冒啊！」此時對方通常會有點訝異地說：「但你是癌症末期耶？」我就笑說：「就當重感冒啊！」把癌症當感冒事情就變得相對沒那麼嚴重了，感冒了，吃藥、喝水、多休息就會好，若你硬要把它無限放大，就算真的只是小病也不會好。

記得，當你遇到難關，充滿挫折、壓力、沮喪的時候，把這些事放在生死關頭前面，它就變得一文不值，根本就沒那麼嚴重。我們人從一出生就開始走向死亡，只是有人走得長，有人走得短，有人走得精采，有人走得隨波逐流沒有方向。人生就是一種修行，不容易做到，但做到就會得到，**不要為了一點點小事情浪費生命**。

第三，現在的你，是你前面一連串選擇的結果。當下的你，不管是身體健康、經濟狀況、事業成就、感情婚姻，都是你前面做了一連串的選擇才會造就現在的你。如果你感嘆自己一事無成，可能就是因為之前做了很多錯誤的選擇，讓自己不夠積極，沒有目標，過一天算一天，賺一天花一天。

做出對的選擇難不難？在我看來並不難。就像你會選擇花幾個小時看這本書就是最好的選擇不是嗎？要提醒自己：**我是限量版，全世界幾十億人，我是絕無僅有的唯一，不要小看自己來到這個世界的價值**。不要覺得沒人需要我，那個人比我漂亮比我帥，那個錢賺得比我多，那個人成就比我好……想想，當初你是爸爸的「小蝌蚪」打敗幾億個競爭者，和媽媽「相會」奪下冠軍以第一名之姿來到這個世界上的。現在卻用懷疑自己，不相信自己，放棄自己來回報你父母？這樣對嗎？那你當初不如把這個名額讓給別人？你既然是第一名來到這世上，你一定有你存在的價值。誰會知道我在四十三歲時會生這場病？然後因為這場病不但改變了我的身體與心理，更因此而可以出來幫助更多人，這就是我來到這世界上的價值！

永不放棄的百分之一

你的目標圖像化，一棟房子的照片也好、想去的國家的照片也好，把它圖像化貼在床頭每天提醒自己，告訴自己一定要達到。

樂觀是唯一的藥

漫漫人生，我們一定會碰到挫折、沮喪、壓力，有時可能會感到快窒息了，或想放棄自己。記得，給自己定下目標，建立信念，中途一定還是會踢到鐵板、被潑冷水，此時必須給自己勇氣，去面對它，解決它。所以除了目標要明確、信念要強烈之外，勇氣才是正面迎戰的最大力量。

知道自己是癌末以後，我看了很多抗癌成功的案例，裡面最重要的共通點就是「**心態**」。所以我樂觀積極地從「心理」去治療，我常說**正面樂觀的心態才是我主要治療的方法，而且它沒有副作用，其他的化療、電療都是輔助治療**。百分之九十決定於心態，如果我不勇敢，沒有人可以幫我堅強。假設我有十分的痛，不可能找十個人，一人幫我分攤一分的痛我就不痛了；可是快樂卻可以散播出去，你笑，全世界跟著你笑；你哭，不會有人跟你一起哭，如果真的有，那這個人真的是你值得珍惜的人。所以在我的臉書從來不ＰＯ那些抱怨文，而是ＰＯ幾篇好笑的文章、突發奇想的一些搞笑的圖文，讓更多人知道生病也可以快樂開心地去度過治療階段，希望能感染更多更多的人。

除了心態之外，其他就是飲食與運動，**改變飲食習慣**，**大量補充天然的營養與熱量**，**維持住身體的抵抗力與正常運作**。再加上規律的運動，所謂「三三三」就是要一週做三次，每次三十分鐘，每分鐘心跳達一百三十以上的運動，以增強心肺耐力，提升免疫力。但我知道我必須比一般人做得更多，才有機會壓制住壞細胞的增生，所以我光一天的運動量就超過這個一星期「三三三」的標準了。每天不管多疲累，我都告訴自己一定要動起來，因為運動除了流汗、幫助血液循環，把化療的藥物及身體的廢物代謝掉之外，還會產生腦內啡（多巴胺），它的功能很多，但最重要的是它會讓情緒變得很愉悅。所以每當我運動完，就打心底覺得自己仍活得好好的，人生還是很美好啊！那種愉悅感與充滿希望的情緒會讓你把很多事都拋在腦後，所以，不只是生病的人才要運動，別再找藉口了，動起來吧！

不要讓「如果」只是「如果」

永不放棄的另一支撐點，就是想像自己七十歲的樣子。

目標或夢想除了要明確化，最好是可以把它圖像化，一棟房子的照片也好、想去的國家的照片也好，你想達成什麼樣的成就都好，把它圖像化貼在床頭或手機桌面等自己每天都看得到的地方，每天提醒自己，告訴自己夢想還未達成，今天仍需努力，然後充滿動力去完成它。就像我就常想像七十歲時，帶著老婆、小孩、孫子去環遊世界的景象。這個畫面一直激勵自己，我必須撐過這段時間，才可以達到我想像的那個美麗畫面，就是這種不留遺憾的幸福感在支撐著我決不放棄任何一絲希望。

多管齊下地努力奮戰，在我成功度過兩年的生日那天，我在臉書PO了一篇：「勇者無懼，突破兩年存活率，只有李歐可以戰勝李歐，祝我自己生日快樂。」我用了洪荒之力，突破醫生所預測的兩年存活率。兩年後，我把醫生的這句話變成玩笑話。

我不是唯一，卻是我生命歷程中的奇蹟。**不要什麼事都去跟別人比較，至少要先創造屬於自己的奇蹟，相信，就會有奇蹟。你要先相信，才會看見；堅持，才會實現。**不要永遠只會說「如果」，而什麼都不做，所謂的如果就是你心目中的夢想。如果我能開家咖啡館、如果我能考上醫學院、如果我能賺到一棟房子就好了……這些如果就是你心中的目標跟夢想，可是如果你有了「如果」卻什麼都不做，那你的如果永遠只會是如果。反過來說，你很努力去實現它、完成它，給自己勇氣努力地把如果變成「結果」。就像剛生病時我在想：如果我可以活過兩年就好了，過程無論多難辛、多困難，我都靠著勇氣正面迎戰，結果我真的活過兩年了！我，把當時的如果變成結果了！

用行動打破空想

當然，我們難免陷入低潮，對於現況跟奮鬥過程感到挫折，甚至快窒息！此時，請再好好細想以下四點：

1. 再次確認你的夢想。
2. 持續燃燒你的信念。
3. 檢視是否真的盡力。
4. 不斷回想成功案例。

你的夢想與目標有沒有問題？例如：一個月收入三到五萬，卻想著明年底要存一千萬，或是在工作上一點動力都沒有就只想要去環遊世界，那就是你的目標設定有問題，不夠合理化。如果目標與夢想沒有問題，要自問信念夠不夠強烈？目標之下必須建構一個很強烈的信念，像我就是對家人的愛，所以必須抗癌成功，不管中間多辛苦、多煎熬，都要撐過去，因為我的信念就是：抗癌成功才能夠陪家人更久的時間。如果目標很明確，信念很強烈，你卻每天只躺在沙發上邊玩手機邊空想，然後越想越興奮、越想越誇張，但完全沒實際行動，當然不可能會有任何結果。回過頭來發現只有腦神經在動，身體完全沒有動……行動才可能有收穫。如果以上都做到了，但還是離目標有一段距離，就去不斷回想一些成功的案例，每個領域都有成功的人，這些成功者也一定都經歷過你遇到的各種艱困與難題，他勇敢面對、理性解決了，所以他成功了。你距離目的地可能只剩下一小步，卻因為放棄，最後卻功虧一簣，然後日復一日失敗的人生！

被宣判癌症，而且還是末期中的末期。但，末期不是死刑，存活率只是數據，心態正確，根本用不著懼怕，不只是抗癌，做任何事情都要秉持這種永不放棄的決心！用洪荒之力，努力運動健身把體脂降到百分之十，對抗存活率的百分之十。

遠離生病的法則

趕快遠離那些愛抱怨拖累你的人，然後朝自己的夢想前進吧！

少量多餐，對抗治療副作用

因為很重要，所以要講三次：最重要的是**心態**、**心態**、**心態**。遠離生病的法則，心態占百分之九十。不管是用在身體健康或工作態度都有強大的效果，有正確的心態，就會做出正確的選擇，當心態有問題，沮喪、抱怨、負面，最後就會熬夜、應酬、酗酒、抽菸、吃檳榔甚至吸毒，這些傷害自己、放棄自己的行為當然就會生病，不管是身體生病或心理生病。

有了良好心態，自然會做出對自己有意義正確的選擇。就像在飲食方面，我覺得最大的前提是如果不把身體腸道排乾淨，吃再多補品都沒用，必須先把腸道清空，才能吸收營養。因為要抗癌，我多補充一些抗氧化的食物，這部分有點麻煩，因為吃化療藥會讓癌細胞氧化，但又必須吃抗氧化的食物，讓我的正常細胞不要氧化。所以我把化療藥跟抗氧化的食物間隔開來，譬如說，吃完藥後至少兩個小時後再吃抗氧化的食物。我不知道這樣對不對，但我就是這樣做，我若不把腸道的髒東西清空，吃再營養的東西也吸收不進身體。遇到事情也一樣，**學著轉換心態把負能量先排除、清空，正能量才有空間進得來**。

調養過程每天還要補充很多營養素，如鈣、大量蛋白質、膳食纖維及好的油脂等等，都是從一般魚、肉、蛋、奶中獲取，我必須吃更多的蛋白質以維持白血球的正常值才能繼續化療。我每天早上八、九點起床，喝五穀粉、蛋白粉等營養品加牛奶或豆漿。中午出去運動，做過放射線治療的部位曬太陽會纖維化，所以豔陽天我就在家轉頭、甩手、張口運動，做一些復健伸展操。吃完中餐，下午再補充「加料營養奶」，然後到四、五點太陽不大時再出去運動，回來再吃晚餐。每天大概要吃五到七餐，每一餐的量不一定大，我選擇少量多餐。因為治療的副作用是口乾、嘴巴張不開、吞嚥困難，使得每吃一餐都像在打仗，但又必須完成它，因為吃下去才能提升免疫力來對抗病魔，但真的吞得很辛苦，所以有時會看電視或滑手機來分散注意力，不知不覺就又完成辛苦的一餐，但這不是你們該學的，畢竟吃飯還是要專心吃啊。

提升身體的含氧量

接著是規律的運動，癌細胞是厭氧細胞，所以我會以有氧運動為主，跟重訓的比例大概會落在三比一。有氧運動就是騎腳踏車或小跑步，肺活量較差、跑步無法很久的人可以快走，這些只要超過三十分鐘以上都是有氧，會提升身體的含氧量，最好可以持續一個小時以上，做十幾、二十分鐘是沒有用的。而重訓是要維持肌肉量，避免肌肉流失，肌肉可以維持身體的免疫力。但重訓是屬無氧運動，現在的我不能做太大量，以維持肌肉量為主。如果平常你不去運動、造成肌肉流失，營養不足而免疫力降低，隱藏在身體裡面的癌細胞就會趁機大爆發，到時再多的運動與營養都很難挽回了。

運動有時難免無聊，我就會和自己比賽。譬如說從台北車站騎UBike腳踏車回淡水的家，差不多要花七十分鐘，但我慢慢讓自己進步到六十分鐘以內達成，不但強度增加了，而且又省了十塊錢。省十塊錢不是重點，重點在於成功達成目標的喜悅與運動的好處。

遠離愛抱怨的人

另外我有個保健方式，因為癌細胞不喜歡高溫，所以就讓自己身體處於較高的體溫，在沒做運動的空檔，還可以喝熱薑茶或是用熱敷墊熱敷身體，讓身體一直處於溫熱流汗的狀態，但記得補充更多的水分，維持肝腎功能。就算是熱天，我晚上睡覺還開電熱毯。日本人常常泡溫泉據說也是這個道理，降低身體發炎的頻率，就可以減少其他病症的侵襲，但這是我個人的小祕方，不是每個人都適用。

當然，**心理則要保持好情緒**，**遠離負面的人事物**。上班時，很多同事喜歡藉著下午茶時間吐苦水，浪費生命在那邊吃吃喝喝抱怨老闆、抱怨同事、抱怨客戶，結果兩個小時過後你得到什麼？除了舌頭變得比較靈活之外，只得到一大堆負能量，還有一整桌的熱量。而你所抱怨的人過得可開心快活的呢，或是他又做到更好的業績、達到更好的成就，但你還在為了這些人浪費自己的生命。為了自己變得更好，趕快遠離那些愛抱怨拖累你的人，然後朝自己的夢想前進吧！

當你健康狀況良好，就有足夠精神去努力工作，完成目標，心情也隨之變得很愉悅，一切都會正向循環。不只針對抗癌，現在大家都知道健康的重要性，以上提到的飲食與運動方法人人皆可做到，遠離生病其實沒有那麼難。

第3部

建立屬於自我的修復系統

生病與人生的對照

各種疑難雜症可能沒有「完美」的辦法，但一定有「更好」的辦法。

換個方式，就有機會

人生常會有突如其來的篇章，就像我忽然被醫生宣告得了癌症末期。而罹癌與人生有許多類似點，拿工作來舉例，如果突然接獲一個很重大的任務，或把事情搞砸了，嚇得你不知所措、慌了手腳，這時該怎麼辦？首先，不要把事情想得太嚴重，把大事看小；如果什麼問題都硬要放大，就算小事也無法解決。相對於生病，我常說癌症就是重感冒而已。

各種疑難雜症可能沒有「完美」的辦法，但一定有「更好」的辦法。**如果你不去面對，就算有完美的、更好的辦法也沒用，因為你根本不想解決。**很辛苦地打拚、加班、絞盡腦汁，卻一無所獲，結果不如預期是常會發生的，我常說這就像很多人蹲廁所，經過十分鐘的努力，結果出來卻只是個屁。但所有過程都是為未來的成功做準備，每次失敗的經驗都是在堆疊邁向成功的墊腳石。

就像當我很努力抗癌了一段時間再檢查，又有新的狀況，醫生說更麻煩了，存活率更低了，我先是想著已經這麼努力運動、飲食、調養身體並配合治療，怎麼又轉移了？但很快的，啟動自我修復系統，我會給自己打氣，至少我沒再轉移到骨頭或更麻煩的部位，需要馬上開刀或全身癱了，只要我還能動，再換個方式，就有機會戰勝它。因為我還年輕，只要保持動力和體力，根本不必擔心，只是時間的問題，我仍可以活蹦亂跳！我這麼慘的情形還可以開心生活，那麼，如果你遇到一點事就想放棄，是否太可惜？**放棄就是失敗的開始，如果你連嘗試的勇氣都沒有，你的人生就是這樣了，「吃不了成功苦，就別想當成功人」！**

提醒自己，沒有任何藉口

很多事你**不能只想靠別人幫忙或別人來安慰你**，就像工作上遇到壓力、挫折，不能完全靠主管和同事，因為他們能幫的程度有限，而且他們可能還需要別人幫。這時必須建立自我修復系統，再把事情做重要排序，一件件去完成，後面會提到什麼叫自我修復系統。萬一你遇到挫敗就告訴自己：算了吧，反正不會成功的……那你當然什麼都做不好。

得知自己癌末以後，我也是如此克服，每天早上告訴自己：要吃藥，然後休息，再喝「加料營養奶」，接著去運動然後吃飯……每天去完成每個動作，有時我也會沒食慾或很低潮，但沒有任何藉口，要在每個時間點完成一項項功課才能提高抗癌成功的機率。我會不斷提醒自己，到現在為止的狀況比醫生預期的好，那就表示我已突破某個統計數據，也證明心態對，繼續努力就有機會。

路不是走到盡頭，而是該轉彎了

如果你自己都不能接受自己，別人怎麼會接受你？如果你都不相信自己，別人要怎麼幫助你？

證明我可以變得更好

我常和自己做心靈對話，人是動物不是植物，動物就是要動，不動就變植物人，這樣激勵自己，絕對不妥協、不偷懶。就算腳麻手麻痠軟無力，但我仍會慢慢準備好，慢慢起身換好運動服，帶上水壺、毛巾，動就對了……每次只要我到了運動步道或健身房，我的能量就上來了，疲倦感消失了！用心智控制身體，當我動起來後，產生的愉悅感又回歸到心理療癒——看吧，幸好我有說服自己，否則還攤在沙發上，讓自己像病人。現在動起來後不就感到體力還不錯嗎？而且狀況明明就超級好！

從起身、準備到走出門，這中間只有不到十分鐘，如果你一直告訴自己「好累喔，今天休息一天好了……」這些**很頹廢的安慰話，你的身體就**

永遠不會動。那是種很神奇的感覺，當我接觸到戶外熱情的陽光、清新的空氣，看到生氣蓬勃的花花草草，就覺得自己過得很好、世界很美麗、未來很精采，根本不會想到我可能快死掉這件事。

我很會鼓勵自己，有時只是「不得不」，因為身邊的朋友和家人看到我都好好的，並不是癱在床上，他們也不能說要加油啊，因為我的油早已加到滿出來了！主要是我不但不會去想著病情惡化、可能生命終點就要到了這些消極念頭，而且我要驗證這些事不會發生，我根本不會走到那一步。很多人害怕等檢查結果報告，我正好相反，**我希望快點再檢查，我要證明我的狀況更好**——儘管之前每次都是壞消息，但我還可以吃、可以動，就有機會，沒有急轉直下，至少可以先努力維持與癌細胞和平共處，把生命時間延長，繼續努力，尋求更多可能的機會，並且相信一定會有。就像你現在遇到挫折，換個方式再試試看，換個角度再想想看，「有時路不是走到盡頭，而是該轉彎了！」

接受負面情緒

雖說不能什麼事都想著要靠別人，但**你也絕不是孤軍奮戰**。小成功靠自己，大成功靠團體，各領域都有成功者，他們一定遇到過比你更困難的挑戰，要去了解他們怎麼做，而且其實旁邊有很多「助手」或「貴人」，只要肯問，很多人可以讓你少走冤枉路、少踢鐵板。正如同比我病得更嚴重的人，都那麼拚了，也活得很有意義，我當然也行！另外，醫生改變化療的藥與頻率一再循求各種的可能，隔壁床的病人分享其不錯的經驗，演講結束後很多人的回應與鼓勵都讓我覺得一路走來並不孤單。

當心態是正面的，後面所做出的選擇與行動都會是對的。負面情緒難免，偶爾我們都會討厭自己，但一定要學會面對自己的負面情緒並敢於接受現況——**如果你自己都不能接受自己，別人怎麼會接受你？如果你都不相信自己，別人要怎麼幫助你？**抗癌、工作、感情，以及人生都是如此。

是任務也是禮物

死亡比想像中簡單，活下去更需要勇氣。

重啟我的第二人生

死亡比想像中簡單，活下去更需要勇氣。當初如果選擇放棄，那是很簡單的事，「放棄只要一句話」，那麼我早就離開世間了。「堅持卻是需要一輩子」，要一輩子面對反覆的檢查、不停的追蹤、不知何時會停止的各種治療……不斷自我激勵地活在各種可能發生的恐懼當中……堅持本來就是一條孤獨的路，但我必須有勇氣撐下去，因為我有目標和信念，我始終抱持著相信就有機會的心態。而且一路走來，我發覺這場病反而是一份神奇的「禮物」，因為它，讓我改變了看待人生的心態與生活習慣，調整了飲食與作息、運動與調養，現在身體狀況卻比生病前更好，看起來比以前更年輕，朋友笑說：你到底是去打化療還是打玻尿酸？如果不是因為這場病，我可能還繼續在糟蹋我的身體，然後全身更多病，只有更糟。所以我說這是份神奇的禮物，感謝老天爺也感謝這一切。

我也認為這是老天爺給我的「任務」，我並不認為老天爺要帶我走，就像我們在行銷很多商品前自己都要先試用，祂是讓我從生病裡體驗這一切的過程，從過程中領悟出生命的智慧與正面能量，然後去幫助更多人，所以祂如果帶我走，就沒人幫祂完成這個任務了，不是嗎？我告訴自己，只要完成這個任務，就可以重啟我的第二人生，繼續過完我未完的精采旅程。

人都是哭著來，也都希望能笑著走，如果能做到笑著走才叫做「不留遺憾」，**人生很短暫**，**哪有時間遺憾！**就為了不留遺憾這句話，所以你現在不管遇到什麼困境都值得去拚！不留遺憾給自己、不留遺憾給家人，這才是圓滿的人生。

·李歐夢想語錄·

我不要把一點點問題或擔心無限放大。

你要先相信，才會看見；堅持，才會實現。

自我修復系統

每個人都可以建立一套屬於你自己的「自我修復系統」。

學會自我鼓勵

多愛自己一點，對自己好一點，畢竟你要跟自己相處一輩子啊！很多人為了取悅別人卻迷失了自己，我們每天都在幫別人按讚，卻忘了幫自己按個讚！時常聽到「人生不如意，十常八九」這句話，但聽歸聽，結果都是「遇到不如意，約朋友喝酒」，當我們遇到不順心時，常常只有抱怨、求助、討拍，希望別人能伸出手幫忙或講些什麼話安慰自己，最後發現根本安慰不了，因為你根本只想找人發洩。

或是常常遇到暫時無法解決、不知所措的問題時，可能不是找「人」幫忙，而是去找「神」，會去求神拜佛沒有錯，你會求神拜佛，表示你相信「祂可以」，所以將希望寄託於祂。但有時候過了三個月、六個月、一年後，你發現怎麼都沒發生逆轉勝的奇蹟，就開始充滿懷疑……納悶為什麼神佛都沒幫忙你？那是因為神佛相信「你可以」。如果你只求神拜佛，然後什麼都不做，那就奇怪了！**你自己都不相信你自己，為什麼神佛要相信你？你自己都不幫助你自己，神佛為什麼要幫助你？**所以在求神拜佛後，你依然要朝著夢想和目標去努力，這樣才可能在對的時間點，感覺到神佛出手相助的力量，那也是一種發自內心相信自己的力量。

沒有人的一生是順遂的，你不能期待每次低潮時，身邊的朋友都變成專業的心理醫生來輔導你，有時候朋友也會有情緒不好的時候，他自己都需要被安慰了啊！這時找他，不是提油滅火嗎？所以說你必須學會自我激勵，就是建立一套「自我修復系統」。當遇到挫折時，就去啟動它，讓它在最快的時間內把自己調整回來，縮短自己陷於不愉快的漩渦的時間，盡快回歸正軌，你會發現你又度過一關了。

做開心的事

每天幫自己按個讚，告訴自己是最棒的，但久了也難免會遇到不知道如何鼓勵自己的時候，那就學習建立一套屬於你自己的「自我修復系統」，例如我個人的修復系統就是：

一、**遇壓力挫折時，去做一些會讓自己開心的事情**。每個人喜歡做的事不一樣，我會聽音樂、跑步、騎車或出去走走看看外面的世界等等。你要知道：人生就是會煎熬，沒有煎與熬，怎麼做得出美味的菜餚？所以不要老是哀嘆自己好衰、好倒楣、每天都卡到陰。感覺自己一路辛苦地走過來結果根本像坨屎，我要說的是：也好，這樣就不會有人踩在你頭上了！

你絕對不是最悲慘的，也永遠不知道其他人的壓力與痛苦，看到公司窗外百貨公司週年慶滿滿的人潮，就想著他們真好命，我只能在這裡悶著頭工作。你怎麼知道他不是正在照顧生病的家人，一整個月只有一天可以出來逛街？你怎麼知道他不是背負著家人留下來的一堆債務而需日以繼夜的工作，只是有個空檔出來散散心？當你看到我走在路上，怎麼會知道這個看起來生龍活虎的傢伙竟是癌症末期而且還在治療中？所以不要再覺得自己是最可憐、最悲哀的人，你甚至不知道坐隔壁的同事是不是背負著比你更大的壓力，他們只是沒說出口。

靠近成功的專家，莫忘初衷

二、**多接觸成功專業的人、事、物**。你一定遇過那種一開口就是唱衰別人、潑冷水，對他人的任何嘗試都充滿訕笑與不認同的人，自己又提不出一套有建設性的想法，永遠充滿負面的抱怨。只會貶損別人，並不會讓自己變得更強大，遠離這樣的人吧！

有時會聽到一些同事說：「人家說做這個行業不會成功、不會賺到錢。」我要問的是：那個「人家」是誰？我常說：**專業的事情要問專家，而**

不是問人家！如果那個「人家」曾經做過你做的行業、自栩為專家，但他失敗了，所以叫你不要做，這豈不是太奇怪了？明明就有成功者，你不問，卻去問一個失敗者？那你會成功才怪。如果那個「人家」根本沒做過你所從事的行業，那就更奇怪了，他都沒做過，憑什麼告訴你做這個事業不會成功？

明明有成功的人與模式可以遵循你卻偏偏不去了解，所以專業的事情要問專家，而不是問人家，真心想成功，那問對的人、跟對的人才是正道。就像你不應該去問賣菜的小販，保險要如何做才能成功？你應該問他哪種菜貴、哪種菜好吃？那才是他的專業。跟著蜜蜂找到花朵，跟著蒼蠅只能找到廁所，跟著賺一千萬的你有機會賺到三百萬，跟著乞丐你只會要飯。所以當有人常常說：「人家說……」，這樣的人都是在為了自己想放棄而找的藉口。

三、**回想初衷與夢想，找回熱情與純真**。每當遇到挫敗時，我會回想當初為何選擇這個事業、這個工作。選擇這條路一定有當時的初衷與滿腔的熱情，除非這個事業真的有問題，譬如販毒，這工作本身就有問題當然必須放棄，否則請想想當初的熱情與夢想，再次燃燒它，你就不會輕易認輸。大部分的人都是忘了初衷、忘了當時的熱情，或許那就是你再次找回動力的鑰匙。

保持樂觀，笑口常開

四、**看一些會讓你笑或有動力的畫面、影片或故事**。「開心地笑」具很大的正面力量，醫學上也證明確實如此。你可以上網找些笑話、有趣的表演，或追蹤我的臉書也不錯，哈哈！如果你找到能打從心底大笑出來的點或方式，除了皺紋外，絕對會獲得意想不到的療癒效果，大笑治百病，雖然健保不給付。

五、**讓樂觀變成一種習慣**。兩個不同個性的人，遇到同樣的狀況，常常會有不同的反應與認知。當我遇到不順心的事，都會先往好的一面想，同樣的一件事我用正面語言陳述，譬如說：「只有李歐可以戰勝李歐」，而不是說「只有李歐可以打敗李歐」。或告訴同仁：這樣做很好，如果哪裡再加強會更完美，而不是只挑一小部分的瑕疵批評他怎麼連這點事也做不好，卻忽略掉其大部分的心血。

我習慣讓自己一直保持樂觀、正面、積極、開朗，這就是我治療癌症或負面情緒主要的方法，而且完全沒有副作用。煩惱常常都是來自於放不下、想不開、看不透、忘不了，人生是一趟「旅行」也是一種「修行」，把中間的「不」拿掉，就變成：放下、想開、看透、忘了就好，不是嗎？但這說得容易卻不容易做到，它是需要時間與經驗去累積的，所以才說人生是一種修行，當你修到了，就可以好好享受接下來這趟精采的人生旅行。這是每個人一輩子都要學習的功課。但你不能拿它來當藉口，例如工作上的績效沒做到，然後告訴自己放下、想開、看透、忘了就好，那叫做逃避啊，不叫修行！該完成的績效或目標，還是要努力去完成好嗎？

一切都會過去的

遇到任何打擊或難關時，請默唸這七個字：一切都會過去的。

先欺騙自己，事情沒那麼糟

有些事情不是過不去，而是你不讓它過去！人的一生會遇到的所有事，都是注定要來的。由於國中開始就常一個人生活，所以我習慣跟自己對話。當一切順遂時當然不需要對話，而與內心對話時往往就是發生了一些狀況，此時我會反覆思索，然後叮嚀自己不要走到最糟的境地，回頭想想以往工作、生活經歷多少困擾與挫敗，不也是關關難過關關過？不也都過去了？所以遇到再糟糕的事，都會先對自己說：一切都會過去的。想想過去的你解決過多少的事，現在回過頭來是不是該佩服過去的自己呢？所以現在的你也更應該繼續迎接各種挑戰，讓未來的你回頭來佩服現在的你，前面說到既然這些遇到的事都是注定要來，那不如早點來！早點解決，早點學習，也就更早點成功了！

演講的時候我常會講的一些話、一些名言，有些人可能覺得這不都是網路金句嗎？但我會語重心長地講這些話，是因為那都是親身經歷所感受出來的體悟。甚至還有人會吐槽我：「『一切都會過去的』這句話根本是在欺騙自己的謊言！」是在欺騙嗎？對，就是在欺騙。從另一個角度想，如果因無法承受而讓自己變得很頹廢、封閉、甚至做出極端的行為，那事情不是更糟嗎？在某種程度上，這句話就當是暫時欺騙自己的善意謊言，又有何不可？所以遇到不如意的事，先哄哄自己，讓自己先冷靜下來。

如果你先**安慰自己**，相信任何事都會解決，事情並沒有那麼糟，而且會越來越好，**沒有完美的辦法**，**但一定有更好的辦法**，往往三、五天過去之後，事情好像真的沒那麼糟。當你心境回到平靜的狀態時，就能更理性地思考如何解決問題，往往這時想出的方式，都會比事情發生當下所想的效果要好太多了，最後「一切都過去了」不是嗎？

先處理心情，再處理事情

你無法把煩惱丟給旁人，要旁人來安慰你、幫助你，每個人都有各自的壓力，別人不可能一天到晚來照顧你的情緒或花很多時間聽你抱怨那些你無法解決的問題。我們常常發現，有些很愛討拍無病呻吟的人，往往是最難被安慰的，你花了大半天的心力就是安慰不了他，他就是鑽到死胡同裡出不來，最後你安慰到火都來了還是不知道他到底想怎麼樣？因為這種人只是希望有朋友來陪伴他，不管朋友再怎麼跟他講，他仍然陷在那個自我設立的迷宮裡，拚命鑽牛角尖，結果朋友失望而離去，他就覺得沒朋友，然後再找下一個倒楣鬼繼續抱怨討拍。說穿了，這種人尋求的是那種被安慰的感覺，希望別人跟他一個鼻孔出氣，根本不想解決問題。如果你真心想解決，找人傾訴絕對沒錯，但前提是你有心要解決，先找方法自我修復、自我善意地欺騙，讓自己先度過第一關。記得：先處理心情，再處理事情。

最沮喪的時候，先欺騙自己吧！一切都會過去的，現在只是還在那個煎熬的過程中，但它一定會過去的，以前各種難題不也都一一度過了嗎？記得以前讀國中的時候，覺得時光很漫長，怎麼好像我永遠是個孤獨地吊單槓的小蘿蔔頭，什麼時候才會長大？那時候覺得常常有一餐沒一餐，沒什麼家人的關愛，感覺很自卑，為什麼會生長在這樣的環境……而轉眼間我已經四十幾歲了，三十年恍如飛逝，幸好當時就告訴自己一定要改變人生，所以一直在完成我設定的目標，改變了我的人生，讓那時的陰暗面趕快過去。

不要把情緒一直陷在當下遇到的挫折漩渦裡，前面說過「先處理心情，再處理事情」。先讓心情平復，才能有正面的能量去處理事情，如果用很糟糕的心情去面對，事情一定會更糟。譬如說，一對情人吵架，彼此以各自很負面的情緒想解釋清楚，最後兩個人越講越難聽，甚至打起來，結果就是「好啊，分手啊！」「好啊，離婚啊！」可是如果先分頭冷靜一下，想想對方的困難、角度與立場，想想兩人在一起最大的理由是什麼？最後你會發現，其實吵架的點只占兩人相處的百分之一，然後為了這百分之一去放棄那美好的百分之九十九？值得嗎？有時吵架也是一種溝通，想想當初甜美的感覺，先處理心情，再用比較溫婉的口氣，誤會解釋開來，才知道最珍惜的還是彼此，反而為感情加分。回想一下，你常常做出的錯誤決定都是在情緒最不穩定的時候，是吧！

我就是那百分之十

當然真實世界裡不可能什麼事情都能迎刃而解，不可能永遠是我們所想要的happy ending！但是如果先讓自己的心情變好，就算不成功，至少不讓它更糟。而且可能會有一個緩衝，得到緩衝後，就有機會爭取更多可能修復的空間。就像現在我得了癌症，首先我想讓身體得到一個緩衝，讓情緒放開來、慢慢導正生活作息，用盡辦法去爭取活過頭兩年，那就更有信心跟老天爺搶多出來三到五年的緩衝期。這期間有可能出了某些新藥，或者某些新式的治療方式，那種期待也是一種動力，只要爭取到，即使提升百分之十、二十的機率都好，就有機會由一到一百。所以遇到不如意的第一步，至少不要讓它變得更糟，不變糟就有機會變好。

當時醫生說的兩年存活率不到百分之十，我只是想著：第一、那只是數據。數據不等於我，也就是說，我不等於那百分之九十。第二、我一定會是那百分之十。大部分的人都看到百分之九十穩死的，**我卻看到還有百分之十啊**。用比較樂觀的角度去看待生活，緩和心情，安慰自己，如果你執意說這是欺騙，那我會回答：「對啊，就是在欺騙自己。」

不必拐彎抹角用緩和的言語去形容，直接承認是在用善意的謊言騙自己。如果你用詐術惡意去欺騙別人當然不可取，可是為了讓自己努力活下去，讓情緒有所轉換，讓自己有機會變得更好，騙騙自己又有何不可？

人生就像打電話，總是有人要先「掛」！只是看這通電話誰講得較精采、有重量，而不是無病呻吟、廢話連篇，浪費生命浪費錢。

遇到任何打擊或難關時，請默唸這七個字：一切都會過去的。當我看到檢驗報告上那怵目驚心的結果時，我就是這樣告訴自己，一切都會過去的，把它當成感冒，沒什麼好緊張。把事情看小看透，你自然就能無所畏懼。現在回頭想想最辛苦的治療過程，不是一切都過去了嗎？

有夢想的人睡不著，沒夢想的人叫不醒

年輕時的我，什麼都沒有，也因為自己的「沒有」，才會去珍惜別人給我的「有」。

非要不可的決心

想像你要跟你愛慕的人約會，儘管已忙碌一整天、筋疲力竭，你還是興奮地打扮呈現最完美的自己，只為了去做這件令你很開心的事。就像當你給自己設定了某個夢想，這個夢想你不但想要，而且非要不可，自然身體的腎上腺素會大噴發，讓你每天早上迫不及待地從床上跳起來，甚至比雞還早起來，毫不遲疑積極地衝出門去做你想做的這件事情，因為它是**你的夢想**、**你的成就感**、**你的快樂來源**，所以你恨不得每天有四十八小時可以工作，才能快點達成這個夢想。

很多成功的企業家可能一天睡沒幾個小時，可是為什麼他們還是呈現神采奕奕的樣貌？因為他充滿了熱情在做他想做的事情，成功的人一定熱愛他的工作，努力完成一個個計畫，從中得到成就感，然後越來越成功。相反的，如果你根本沒夢想，平日的工作就像機器人，假日要加班更感覺像世界末日，能賴床多久算多久，然後抱怨連連地勉強自己起床，行屍走肉般地去做那些你覺得無趣的事……因為沒找到夢想，沒有找到你想要的價值，所以說沒夢想的人叫不醒，因為不曉得醒來要幹嘛。

當我遇到那些迷失自我、叫不醒的人，我會採用漏斗式的問法幫他釐清他心中想做的事。我會問：你希望未來的自己成為什麼樣子的人？你十年後想過什麼樣的生活？不管是工作或感情，你想得到什麼樣的結果？現在做的事或積極度，跟你想成為的人或結果有關係嗎？讓對方在問題中找答案，慢慢聚焦後往往會恍然大悟：原來他一直在做跟他夢想相反的事，走相反的路。如果你現在所有的行為與未來想成為的人正背道而馳，很明顯，這玩笑開大了。

因為「沒有」，才要珍惜「有」

每個人的選擇都是一個賭注，尤其年輕人往往很懵懂，不了解自己適合做什麼、想要做什麼，我雖不是心理輔導師，但用這種方式去引導有很好的效果。可能你仍然沒有答案，但因為年輕，那就都去嘗試吧！我們不能確定做某一個選擇、賭注，一定會得到想要的結果，可是不做就一定什麼都沒有。

會用「賭注」比喻是因為我當初在找工作時，就是在完全沒有規劃的情況下四處碰撞摸索過來的，有機會就賭了，但也因為沒有規劃或設限而讓我有機會去接觸很多不同領域、不同族群。如果當初堅持只做某一件事，就可能被綁死在某個領域中而失去更多成長的機會，所以很感謝老闆讓我在不同的部門都去歷練，反而累積更多經驗，因此在成長階段**不去限制自己也是一種方式**。

年輕時的我，什麼都沒有，也因為自己的「沒有」，才會去珍惜別人給我的「有」。不逼自己一下、不去冒險一下，根本不曉得自己有多強大。當時我做總務，同事買枝原子筆、缺了影印紙、公司的馬桶壞掉都找我，它確實就是一個比較低階的職務，而且感覺跟公司的業績也沒多大的關係，公司賺一億或一百萬，我的薪水都一樣。可是我不會抱持著「當一天和尚撞一天鐘」的心態，**如果小事都做不好，怎麼可能做大事？**自己的工作都管理不好如何去管別人？

先把這些小事做對做好，證明我的能力。當你的認真被看到了，就有機會成為升遷的第一人選，可是這個部門最資淺的我憑什麼讓其他人可以認同信服？所以公司給我很多更複雜難搞的任務讓我去發揮，我雖茫然，但欣然地接下來了，然後我就成為「睡不著的人」，因為我想把它做好，甚至超越老闆的期望值，從中得到成就感。就算躺在床上也在想如何做、每天醒來就想趕快進公司，找資料、與主管討論，積極地表達自己的想法與做法，然後提案執行，完成後就繼續衝下一個任務！

點燃動力的火種

當時，老婆是我的助理，她偶爾也會問我為什麼要選擇做吃力不討好的事，做得那麼累，又得不到獎金加不了薪水。我的回答是，現在看起來什麼都沒有，可是未來會得到更多。要將視野放得更長遠，而不是只盯著眼前，表面上這個活動弄得累死人，也沒有獲得實質的報酬，可是我從中學習與成長，得到鼓勵，而且讓老闆和同事都發現我的用心與發展潛能，當他們認同我，未來我就更有機會做更多的事而更快達成我的目標：成為總經理。相信那絕對會比在乎眼前的一點點小利益讓我收穫更多。因此，後來接營業單位主管時，老闆和客戶對我的支持度極高，因為他們曾經看過我之前的努力，會對我有期待，那種期待就是動力的火種。讓我一個平凡家庭的小孩也可以成為有影響力的人、成為別人的貴人！

得知罹癌也是這樣，如果當時被醫生的數據嚇到而放棄活下去，我就不曉得現在的我可以這麼強大。強大到影響難以數計的人，強大到有新聞來採訪報導，甚至上了奇摩的頭條頭版、網路上每天這麼多人關注我……這完全生病前沒想過的。**一定要先有目標，你才會讓自己往那個目標走**，中間過程會有重重阻礙，如果沒有信念，根本就不可能想去解決。而當你沒有被打倒，完成心中的目標後，當然就更強大了。

所以不要看眼前，你不逼自己一下根本不知道自己有多強大！

不要只選簡單的路走，不要只挑輕鬆的事做，最好走的路就是下坡路不是嗎？以往不管在哪個職務哪個公司，分配工作時我總是等大家選完之後，做剩下最難的沒人選的事。多半人的心態都一定選最容易最沒負擔的，但沒人選的最難，也才是最重要的。就像爬山，下坡路很輕鬆，上坡路很辛苦，選擇做那些輕而易舉的事就形同走下坡，學不到新本領，漸漸被淘汰；而選擇辛苦地往上爬，才能學習、成長，並有更多攀向顛峰的機會，也才能看到更美麗的風景。

各界新聞報導

一休陪你一起愛瘦身 FB

人間衛視

CMONEY

我的人生，我的選擇

蘋果日報

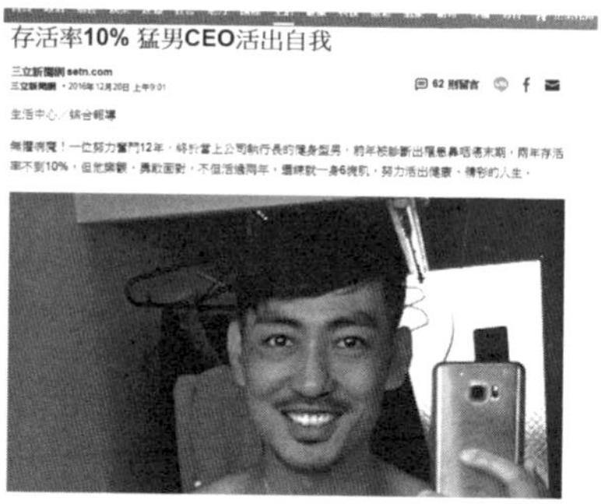

YAHOO 新聞

平凡但不簡單

不要常常讓自己感到全世界只剩自己一個人，那很容易讓情緒與夢想垮掉。

不要幫黑天使寫劇本

有些媒體採訪者因為標題要醒目，總會以CEO、罹癌依然保持六塊肌等等作為主標題，但我都會一再強調我就是個很平凡的人，跟絕大部分的人都一樣，不必把我塑造得太「神」，這樣反而拉遠了我和大家的距離，當人們把我想成跟他們不一樣，變成好像只有我做得到，造成反效果，那就可惜了。

事實上，我本來就和大家一樣，條件也差不多，並非什麼大企業總裁，也不是收入很高的CEO，更不是什麼猛男教練，那些都只是新聞習慣性的下標！CEO只是職稱，身上的肌肉在健身界也是幼稚園等級。

我，李歐，平凡得不能再平凡的李歐，我只是比較樂觀地面對現在、面對未來，我只是想告訴所有人：不管身體生病或心理生病，雖然有時很辛苦，但只要有決心、有信念，每個人都有非常大的機會可以痊癒，**除非你不讓它痊癒**。

正因為我也是普通人，當然難免偶爾會有負面的想法跑出來，偶爾也會忍不住想著：反正最後還是難逃死神的手掌心，何必這麼累？還要這麼拚嗎？尤其在化療後很虛弱地獨自躺在床上時，這時「黑天使」就會悄無聲息地跑出來叫我放棄吧！而「白天使」總是不見蹤影。所以在化療副作用催使下，那期間除了玩手機、看電視、出去走走運動、呼吸新鮮空氣，我盡量避免和自己對話，因為在那段時間，黑天使會出現並訕笑地問：後續會怎麼樣？可能沒機會了吧？化療放療都好痛苦而且一定有用嗎？媽媽治療兩年不也就走了……

其實黑天使就是自己內心深處的藉口，不管生病、工作或任何事都一樣，千萬不要召喚牠出來打擊自己。很多人遇到困難對自己懷疑時，就會幫黑天使寫好劇本，讓牠勸自己逃避、放棄，然後隔天可能就辭職了、然後繼續灰暗沒目標的生活，甚至放棄生命與夢想。此時一定要找事情來分散注意力，不要沉浸在自編自導自演的黑天使漩渦中，那將令你陷入永無翻身之日。

恐懼也是動力

生命中很多事不在規劃中，就像沒人會規劃四十三歲要得癌症。我的生活很簡單，以家人為重心，沒有負債或做什麼壞事虧欠他人，所以就算離世也不會留下麻煩或遺憾，也沒什麼偉大的雄心抱負，只要能陪著家人，看著他們過得平安健康就於願足矣。在我心中，最大的恐懼並非死亡，醫生講的也只是數據，那是機率問題；最深沉的恐懼是到了無法控制的最終站，就要和心愛的家人分開了。爸爸在我四十二歲離世，但家中兄弟很多，而我兒子是獨子，老婆也以家庭為重心沒在外面交很多朋友，如果這個家少了我，剩下他們兩個怎麼辦？不是經濟問題，是想到一些很瑣碎的小事，像燈泡壞了誰爬上去換？水龍頭滴水、要搬重物等等的生活小事，我不在了，還有誰能幫他們？失去了老公、爸爸，他們會不會很孤單、很悲傷？還有好多話沒講，還有好多事沒做不是嗎？

這些感傷的事，一想到就鼻酸且心生恐懼，不是恐懼我的生命即將結束，而是心疼他們的心疼。這時**恐懼也是一種動力**，因為我不要讓這些害怕的事發生，不要讓家人覺得快失去我，一個做父親做老公的不該成為妻子孩子的負擔，而應該是他們的支柱。我一直把所有重擔放自己身上，也可能因此讓身體生病了。人生無法預料的事既然已發生，我就是讓自己更拚命去延長生命，延長跟家人相處的每一天每一刻，幸福才是我的最終站，這樣的要求很平凡，但不簡單。人生常會遇到無法預期或無言以對的事，但這也是一種考驗：你能考得過、就會有收穫。

我很幸運有愛我的家人以及很好的朋友，如果你家中或親友也有病人，我的建議是：第一、**不要把病人當病人**，因為這樣病人會更自憐更沮喪。第二、**多多陪伴**，和他看看電影、出去走走都好，帶他做他喜歡而且會開心的事，而不是只有兩分鐘電話，講幾句不痛不癢的安慰話：「加油喔！」其實他一直在加油，你知道嗎？第三、如果你不知道怎麼說，可以**提供一些成功的案例鼓勵病人**。

有些病人第一時間或其他的原因可能沒辦法做到那些成功的人所做的事，那就要靠自己堅強轉念，試著去社團參加活動，學習新鮮事物，或從宗教得到慰藉寄託，建立信心，並從生活的小事情裡找出成就感和開心期待來滿足安慰自己，就像我吃完一餐或運動一小時就覺得很感恩，畢竟我還能吃、還能跑、還能跳，我告訴自己，照著既定的程序去生活，一定能很快回復以前的狀態，接著再努力應付下次的治療或挑戰。

你絕不孤單

總之，**不要常常讓自己感到全世界只剩自己一個人**，那很容易讓情緒與夢想垮掉。當我走出門，看到大馬路上幾百輛摩托車剛下班要趕回家，工人頂著大太陽流著汗在路邊工作，有些人腳不方便仍努力在步道運動復健，也有爸媽帶著小孩在草地吹泡泡、騎單車……那麼多各形各色的人都在過著自己的日常生活，雖然很平凡，但那也是一種幸福的畫面與活下去的動力。不一定都要有多大的目標志向，就算只是工作完急著回家和家人吃個飯也很美好。

有時候，看到義交站在馬路中央指揮交通，我思索他們是為了什麼願意做這麼辛苦的事，還沒有錢可賺?它可能是一種成就感，竟然可以指揮幾千輛車，再名貴的千萬跑車也得聽他指揮的那種成就感；或許就是熱心，想讓所有路人更平安順利地回家。或例如：再有名望、有成就的大人物，在理髮師面前不也得低頭不是嗎？

每當我看到陽光下，地平線上不管什麼階層的人，大家都在努力生活的時候，心裡想著：是不是一定要做大事業賺大錢？全在於自己對幸福的要求。只要能達到你認為幸福的目標其實也就夠了。人生千百樣，都可以過得多采多姿。這種畫面讓我得到一股療癒的力量，心情隨之轉換，而不會沉浸在自怨自艾的氛圍中。**平凡就很幸福！**

我很喜歡在黃昏時刻沿著河岸步道往淡水老街走，看著一排攝影愛好者架著鏡頭、舉著手機在等待捕捉夕陽西下最美的那一刻。不知哪來的靈感和觸動，我竟會聯想到自己也一定要發光發熱努力到最後一刻，就像夕陽在落日的最後一刻用盡全力把自己的光芒散盡，然後才消失在地平線，就在短短的十分鐘，那一刻卻是最美麗也是最精采的畫面；它雖然是短暫的，但因為它夠美麗夠精采，也就能被捕捉成永恆。

同樣的，未來當生命走到最後一刻時，我也會把我的能量用盡全力釋放給所有願意聽我故事的人，儘管時間很有限，如夕陽西下般地匆匆一瞥，我都要盡己所能去完成更多的事，留下最永恆且美好的記憶與畫面，不留遺憾地消失在地平線。

・李歐夢想語錄・

人生無法預料的事既然已發生，我就是讓自己更拚命去延長生命，延長跟家人相處的每一天每一刻，幸福才是我的最終站，這樣的要求很平凡，但不簡單。

每個人都是限量版

我相信，每個人都是獨特的限量版，都可以成就一個不簡單的自己！

我就是我，而且只有一個我

人生的第一場演講是一家保險公司的業務主動來聯繫。老實說，當我接到這個邀約時，第一個念頭是：怎麼會找我？很多公司都會請專業講師做內部教育訓練，我有什麼可以分享給他們？只是單純談抗癌過程？談生病後怎麼面對未知的人生？講一些很空洞的激勵話語？我不想這樣，但我又想幫助人、影響人，實在是件掙扎的任務！

回想了一下在這段抗癌的日子裡，發現身體生病與許多人生的遭遇有很多類似的共同點，彷彿是一面鏡子，透過抗癌的心態去反射、對照到每個人可能在工作、事業或感情上會遇到的挫敗，把它轉變成聽得進心裡的語言，這樣才會讓聽眾有所收穫，才是這場演出應有的效益。

當時，我不知道未來還會不會有更多場演講，想著或許就這一場吧，而那一場剛好是我度過兩年存活率的第一天，也就是我生日的隔一天，非常具有象徵性的意義，當然要做到最好，除了為自己突破兩年做個回顧與紀念，也不負邀約者的期望，而不是應付了事就結束。或許他們真的只是單純地想聽聽抗癌歷程，可以跟他們的客戶分享，但那不是我想講的。所以我開始很認真思考：如果我是坐在台下的聽眾，看著李歐這個傢伙站在台上，我會想聽到什麼？我大略整理了生活、事業、家庭、成長的遭遇等等的想法後，忍不住覺得：如果我在二、三十歲時，能遇到現在的李歐，應該會少了很多困惑與挫折，說不定還因此調整心態與作息而不會生病。哈哈！**人生沒有早知道**，這就是我的故事，我就是我，而且只有一個我。

於是我決定答應對方，然後就啟動為期三個星期的準備功課，只為了一場完美的演講。在運動到很疲累或吃藥暈眩躺沙發時，我在腦中一直反覆練習演講內容，也在回顧這四十幾年一路走過來的喜怒哀樂、成就與失落。開始時，我會在網路、書籍、報章雜誌上找一些參考資料，案例都很精采、很激勵人心，但那都不是我的故事。如果我只在轉述別人的故事與一點點心得，就讓大家直接去看那本書、讀那個人的報導就好了，何必浪費時間聽我講？

我是人肉行動電源，隨時為你充電

我要很誠心地告訴大家我自己的心態，但閱讀大量的書籍與剪報對我當然還是非常有用，我想，真感情就是好文章，只要誠心去挖出內心的自己，那就是最好的演講。會讓聽講者願意聽下去的原則，我想到的是：大家聽故事都會想先聽到結論，結論很獨特，才會吸引你想聽過程。譬如說：我十年前負債兩百萬，後來在三年內不但還清，還買了棟別墅。這樣的起頭就很吸引人，他們會想聽你是如何做到的？但如果從十年前、二十年前那些雞毛蒜皮的小事說起，講得毫無重點又落落長，我想十分鐘後大概全場都睡死，我也可以去領便當了。

因此開場我劈頭就說：「兩年前醫生說我活不到今天，但今天我卻站在這裡演講了！」台下的人眼睛都亮了，接著才讓大家知道我成長的心路歷程與造就我這種超級樂觀心態的原因。整個故事、想法就完整拼湊起來，像寫文章那樣有起承轉合，並在每個段落再加上一些親身經歷的名言與幽默的笑點。這就是歐氏風格：**不正經才是我的正經**。

沒想到整場演講的反應比我意料得好，連主辦的公司都沒想到我會穿插跟他們那麼貼近的話題，或他們這個領域才知道的一些術語，所以聽完感受更貼切。大概我個人風格就是話題雖然不正經但又深具含義，我不走悲情路線，我不去講我多可憐多淒慘來討拍，反而是讓他們看到：這哪是個正在治療中的癌末病患啊！台下的聽講者從陌生的眼神到眼睛發亮及結束後跟我擁抱合照、握手鼓勵，那種前所未有的悸動讓我感受到一種好滿足的福報，我覺得我做了對的事，也完成我想達到的目標了。原來我也可以成為有影響力的人，其實你也可以。

因為這樣的能量無限散播開來，後來一場場演講邀約讓我更有信心，我也不斷檢討、修改，並會細分對象和目的來調整內容。也有公司的主管因為感受很深刻，希望全體同仁都能被激勵而幫我安排全省的巡迴，如此效應一波波傳出去，越來越多單位媒體來邀約，雖然累，但這是我想做的，每次要演講前，我又成為那個因為有夢而睡不著的人了。而這**每一段內容都是我成長過程得到的心得，每個工作的經驗累積而來，讓我有能力將學習到的東西與大家分享**。每次演講都是我成長的點滴，每個合照都是我快樂的印記，每個擁抱都讓我更有活力。所以我常說我是：人肉行動電源！只要你願意，我隨時隨地為你充電。

我的收穫最多

在一次次準備演講的過程中，讓我想起過往的點點滴滴，從童年、當兵、工作、成家……畫面歷歷在目，想著想著心情也跟著起起伏伏。如果不是因為這樣的機會，我可能把這些事都遺忘了，透過演講及出書，才重拾這些失落已久的記憶與過往，我發現很多歲月走過了就消散了，但回過頭看看，卻發現很多關卡、難題自己都獨立冷靜地正面迎戰、一一克服，而這一切過程背後所包含的禮物，造就了現在的我——**勇者無懼的我**。

其實收穫**最多的是我自己**，演講前不只要精心準備，還包含身心兩方面的鍛鍊，因為我要讓自己站在台上看起來就是個精神煥發的人，是**全世界最過動的癌末病患**，這樣才有說服力。而且每次主辦單位總是很親切地接待，讓我倍感溫馨。我不虛榮也不想成為名人，只是很高興又有機會當一個能幫助大家的人。

演講的過程中，我看到台下的人從慵懶的坐姿、散漫無神的表情，到慢慢挺身傾聽、眼睛放出亮光、雙手用力鼓掌、嘴角上揚微笑，最後更是不吝與我握手、擁抱、合照。在這兩小時內，我知道今天我又幫助很多人。結束後，還會接到臉書留言、私訊……各種表示感謝鼓勵的回應，讓我充滿熱情與能量。我深感自己存在的價值與意義，不只是為我自己一個人活，因為很多人聽完我的故事與心態而有所改變，他們又會再去感染給周遭的人，於是我在許多人的生命中有了一點點的重量與影響。**沒人有義務把生命的兩小時花在我身上，但我有義務讓他們花得值得！**

演講、出書、新聞採訪不只讓更多人認識我，知道社會上還有一個這樣的人、這樣的故事，它不但與你我是如此貼近，更讓我重新挖掘自己並肯定自己。原本我只是個很平凡的上班族，擁有一些簡單的夢想與小確幸就很開心了，沒想到這場病反而**拓展了我生命的寬度**，**也增加了生命的精采度**。

我相信，每個人都是獨特的限量版，都可以成就一個不簡單的自己！

四處演講分享自己的故事，因為演講也是治療的一部分。

路不是走到盡頭，而是該轉彎。左耳聽不見還有右耳，化療像是整個身體泡在毒藥裡，還是可以搞笑幽默，「我到底還可以活多久？」每天活在負面情緒中癌細胞也不會死掉，所以治療期間每天早上醒來，第一個念頭就是：「很好，我還沒死！」

能夠真正的享受人生，才是真正的擁有人生。現在，只要你願意，就去創造屬於你自己生命的奇蹟，因為，只有你可以戰勝你自己！

感謝這一切

這一路走過來要感謝的人真的非常多，因為有了這些不離不棄的貴人、有了這些經歷的過程，造就了現在的李歐，感謝爸爸媽媽為了這個家吃盡苦頭，對於你們的期望，我沒有讓你們失望。感謝一輩子的兄弟，不管如何我們的血液與靈魂依舊緊緊相依。感謝老婆願意陪著當初什麼都沒有的我、用信任與愛陪伴我走到現在，感謝親愛的兒子獨立開始新的人生，不讓我擔心。

感謝鍾董事長、鍾執行長讓我在人生最精華時期的十多年完全信任給我最大的空間與機會去學習與歷練。感謝張總張大哥讓我放手一搏把我當弟弟般的照顧、打開了我邁向巔峰的大門。感謝顏大哥與黃老弟一路走過來的不離不棄、陪伴與照顧。感謝遠在加拿大的李同學沒有時差的關心與協助，人雖距離半個地球、心卻緊緊相依。

感謝王顧問王姐，帶我到處吃美食，豐富了我平淡的味覺饗宴。感謝所有邀請我演講的單位，因為每次的演講所得到的熱情回應、鼓勵與擁抱都幫我消滅了數百萬個壞細胞。感謝臉書上所有關注我的朋友，你們的每一句加油或每一個讚都是我正能量的養分，讓我可以更有動力，讓我知道我不是自己一個人，而且不再是為了自己而活，而是為了這個世界需要我的人而活。感謝各個媒體的採訪及報導讓更多人知道這個社會還是有正能量的生存法則，發揮媒體的社會功能，而不單只有負面新聞，感謝「我的人生，我的選擇」粉絲專頁製作總點閱率破千萬的正能量影片。

感謝李一休一直以來的鼓勵。感謝和信醫院陳醫師與吳醫師的醫療協助，我不但沒被你們恐嚇到，甚至還跟你們作對到現在，革命尚未成功，未來還要繼續煩麻你們了，但希望很快就可以不用再見到你們了。感謝願

意看這本書的朋友，因為你們讓這本書變得更有意義，

最後要感謝大田出版所有協助李歐出版人生第一本書的所有工作同仁，因為你們讓有些沒有走出大門、沒有走出心門的人可以透過這本書而得到不同的人生觀。感謝老天爺賜給我這個神奇的禮物，感謝那些抗癌成功的癌友，你們的毅力與案例讓我更有信心。唯一要道歉的是死神，抱歉，讓你白跑一趟了！感謝不完，李歐何其有幸被這麼多人呵護、關愛與照顧，心中還有太多太多的人要感謝，太多太多的感動想發洩，我想說的是：我愛大家、我愛發生的這一切。

〈後記〉

給三年前的李歐

哈囉！李歐你好，我是三年後的李歐，三年後的你。

我要感謝以前的你，造就現在的我。我也很想念以前的我，那個曾經的你。

有人常說人生可以重來就好了，但我想說的是：你把我的過去經營得很美好，現在的我會把接下來的人生過更精采，而且毫無遺憾：「人生不用重來，重來不一定會更精采」。

有些事常常在發生了以後才知道，但我希望你現在就知道，所以我寫了這封信給你。

我要你知道，未來的你將會遇到很多讓你感到不可思議而且無法置信的事，但你絕對不能退縮，否則就不會有現在的我。生命中所有會遇到的任何事都是注定要來的，我要告訴你的是，這些過程都是在累積你的能量，它是老天爺給你的一個任務、也是一份禮物。不要懼怕、不要回頭，接受它，面對它，因為它不但會讓你安然度過，也會讓我變得更健康也更豁達，更讓現在的我變得更強大、活得更精采。

你絕對有這樣的力量與能量——

因為，你在困頓的環境長大，不但沒有抱怨、沒有沮喪，反而從中讓自己學習獨立與冷靜，才能讓未來的我在面對種種挫折與壓力時，都能冷靜地正面迎戰，樂觀地克服困難。

因為，愛與責任，你對家人無怨無悔地努力、毫無保留地付出，讓未來的我有個溫暖的家還有可愛的家人。

因為，你明確的目標與強烈的信念，一一實現每一個夢想，把每一個「如果」變成「結果」，讓未來的我一步一步走向我想成為的我。

因為，你還有未完成的夢想，那種無懼與堅持之心，讓未來的你、現在的我，沒有任何理由放棄，繼續堅持完成我們未完成的夢想。

因為，有了這些因為，所以這段時間發生的所有事，不但都安然度過，也讓我變得更強大。從你身上我學會面對現在的自己，更學會與自己相處，一切都是因為我擁有過去的你，那個無懼與樂觀的你。

過去的我曾經問你：未來想成為什麼樣的自己？

答案很簡單：你說你只想完成心中的夢想與目標，才能讓家人過得更美好。

所以你所做、所想的每件事都在往目標前進，絲毫沒有鬆懈，完全沒有偏離，只為了成就未來的自己。現在的我回過頭看，對你只有佩服與感謝，我也會繼續朝這個方向走下去，因為你的「永不放棄」讓現在的我可以「創造奇蹟」。

現在的我接下來還有很多的逆境要去面對、無數的困境要去克服，它需要奇蹟，但我想跟你說：無論這個逆境多險峻、困境多險惡，夢想依舊沒有改變，現在的我不會讓曾經的你失望。

因為，我還繼續堅持著你的堅持、無懼你的無懼。

因為，我還繼續夢想著你的夢想、成就你的成就。

因為，只有李歐可以戰勝李歐，堅持永不放棄、相信就有奇蹟。

我愛你。

未來的你、現在的我——李歐

國家圖書館出版品預行編目資料

永不放棄的百分之一／李歐著 .——初版
——臺北市：大田，2018.01

面；公分 .——（Creative：124）

ISBN 978-986-179-512-6（平裝）

177.2　　106020450

Creative 124

永不放棄的百分之一

作　　者 | 李歐

出 版 者 | 大田出版有限公司
台北市 10445 中山北路二段 26 巷 2 號 2 樓
E-mail | titan3@ms22.hinet.net http：//www.titan3.com.tw
編輯部專線 |（02）2562-1383 傳真：（02）2581-8761
【如果您對本書或本出版公司有任何意見，歡迎來電】
法律顧問 | 陳思成

總 編 輯 | 莊培園
副總編輯 | 蔡鳳儀
行銷編輯 | 陳映璇 / 黃凱玉
行政編輯 | 林珈羽
文字協力 | 金文蕙
初　　版 | 2018 年 01 月 01 日 定價：280 元
九　　刷 | 2020 年 12 月 10 日

國際書碼 | 978-986-179-512-6 CIP：177.2/106020450

總 經 銷 | 知己圖書股份有限公司
台　　北 | 台北市 106 辛亥路一段 30 號 9 樓
TEL（02）23672044／23672047　FAX：（02）23635741
台　　中 | 台中市 407 工業 30 路 1 號
TEL（04）23595819 FAX：（04）23595493
E-mail | service@morningstar.com.tw
網路書店 | http://www.morningstar.com.tw
郵政劃撥 | 15060393
戶　　名 | 知己圖書股份有限公司
印　　刷 | 上好印刷股份有限公司（04）2315-0280